ÉMILE GOUDEAU

PARIS QUI CONSOMME

DESSINS DE PIERRE VIDAL

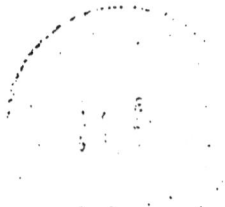

PARIS

QUI CONSOMME

TIRAGE UNIQUE A **138** EXEMPLAIRES

NUMÉROTÉS A LA PRESSE

SUR PAPIER VÉLIN DES VOSGES

N° 1ʳ exemplaire du
Depôt legal,

PARIS QUI CONSOMME par Pierre VIDAL

Pierre VIDAL

ÉMILE GOUDEAU

PARIS QUI CONSOMME

Dessins

de

PIERRE VIDAL

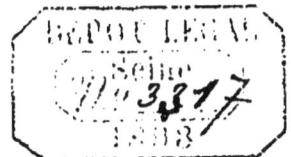

PARIS

IMPRIMÉ POUR HENRI BERALDI

1893

A FEU SÉBASTIEN MERCIER

Dans ton *Tableau de Paris*, ô Mercier! tu écrivais en 1781 :

> *On compte six ou sept cents cafés. On y juge les pièces de théâtre. Le bavardage y roule incessamment sur la gazette; la crédulité parisienne n'a point de bornes en ce genre, elle gobe tout ce qu'on lui présente. Tel homme arrive au café sur les dix heures du matin pour n'en sortir qu'à onze heures du soir. En général, le café qu'on y prend est mauvais, la limonade dangereuse, les liqueurs malsaines et à l'esprit-de-vin, mais le bon Parisien, qui s'arrête aux apparences, boit tout, dévore tout, avale tout.*

Après cent douze ans écoulés, peut-être seras-tu curieux de savoir, sur l'article consommation, où nous en sommes!

NOTE PRÉLIMINAIRE A CONSOMMER

Consommer : qu'est ceci?

C'est, — ont dit savamment les économistes, — « détruire par l'usage ».

En ce sens on dit que Paris « consomme » actuellement chaque année trois cent mille bœufs, deux cent cinquante mille veaux, un million de moutons, trois cent mille porcs, quinze millions de kilos de gibier, quatre millions de kilos de poissons, sept millions de kilos de lapins (qui l'eût cru?), cent mille kilos de truffes, vingt millions de kilos de beurre ou soi-disant tel, un demi-milliard d'œufs, cinq cents millions de litres d'un liquide portant à juste ou faux titre le nom de vin, dix-sept millions de litres d'alcool bien ou mal rectifié, trente millions de litres de bière peu ou prou salicylée, etc., etc.; ce qui, soit dit en passant, fait juste le triple en aliments, et en boisson le quintuple, de ce que consommait Paris il y a cinquante ans, lorsque paraissait le Paris à Table d'*Eugène Briffault*.

En ce sens encore, on dit qu'aujourd'hui un Parisien moyen consomme moyennement par an trois cents livres de pain, cent vingt de viande, vingt-quatre de poisson, vingt de volaille, vingt de charcuterie, seize de beurre, quatorze de sel, quatre de fromage, deux cents œufs, deux cents litres de vin et onze de bière : substances que lui fournissent dix-huit cents bouchers, dix-huit cents boulangers, mille charcutiers, quatre mille cinq cents épiciers et un nombre incalculable de débitants, véritables « valets de gueule » chargés d'assurer pour l'ogre Paris la permanence d'une gargantuesque mangeaille et d'une beuverie pantagruélique.

Tout cela est fort bien au point de vue économiste, mais ne nous dit pas ce que dans la vie courante signifie le mot consommer. Par la bonne raison que les économistes n'entendent rien à la vie et au langage usuel : ils ignorent gravement ce que chacun sait. Adressons-nous à n'importe qui, — tenez, au premier gavroche venu qui joue au bouchon dans la rue, — et posons-lui la question :

— Eh! petit, sais-tu ce que c'est que consommer, toi?

Et du tac au tac, le gamin, avec son accent le plus gras et le plus gouailleur, nous donne la solution :

— Consommer? ôlala! c'te malice! C'est prendre une consommation, donc !

Nous y sommes. Et qu'est-ce qu'une consommation?

Ici encore chacun de vous est fixé : il n'y a pour l'ignorer que Jean-Baptiste Say, qui définit — « admirablement », disent ses confrères, — la consommation « une destruction d'utilité »; et les lexiques, qui en sont à donner comme exemple de consommation... la consommation des siècles !

Rassemblez cent mille Français, proposez de leur payer la consommation des siècles, ou bien conviez-les à prendre avec vous une destruction d'utilité : vous n'obtiendrez qu'une muette stupéfaction. Mais offrez-leur simplement une consommation, au choix, et cent mille cris, variés quant à l'espèce, uniques quant au genre, vous répondront :

— Une demi-tasse ! — Un mazagran ! — Un bock ! — Un verre eud'vin ! — Une fine ! — Un « meulé » ! — Un amer ! — Un « perroquet » ! — Une cerise à l'eau-de-vie ! — Un soyer ! — Une glace vanille-fraise ! — Un cocktail ! — Un punch au kirsch !... etc., etc.

Ce sont là autant de définitions pratiques, empiriques, de la consommation.

Mais la définition théorique? On pourrait certainement l'établir ainsi :

Consommer, c'est s'introduire dans l'appareil digestif, par manière de plaisir et sans nécessité absolument démontrée, une substance quelconque, plus particulièrement liquide, et de préférence dans un établissement public.

Nous disons : sans nécessité bien établie, parce que le trait essentiel de la consommation est d'être du superflu, cette chose si nécessaire. Prendre, après la journée de travail, son repas autour de la table familiale, absorber le simple et sain dîner, ce n'est point consommer : c'est manger, se nourrir. Et arroser ce repas d'eau rougie ou du coup de vin pur ordinaire, ce n'est pas consommer, c'est boire; c'est se désaltérer ou se fortifier.

Mais se titiller l'appétit par des apéritifs; mais s'alourdir de repas surtruffés, aux menus congrûment élaborés; mais entasser Yquem sur Xérès, Romanée sur Pichon-Longueville, et Porto sur Rœderer; mais renouveler la faim par des sorbets; mais forcer la digestion par le café et les liqueurs, ou l'égayer par la fumée du tabac, c'est consommer !

Et c'est également consommer que, le dimanche venu après la semaine de labeur, traiter sa petite famille par les bocks, les gaufres, les gâteaux de Nanterre et les dîners sur l'herbe.

L'extension formidable du besoin de consommer est un fait aussi remarquable dans notre siècle que la transformation des voies de communication. La consommation restreinte est aussi éloignée de nous maintenant que le suffrage restreint. Nous vivons désormais sous le régime de la consommation universelle. La consommation est la reine du Monde. Tandis que, dans les villes d'autrefois, telles que nous les montrent les vieilles estampes et les vieux plans, un fait est frappant, l'agglomération des clochers, la multiplicité des églises, tout pour la nourriture de l'âme, — aujourd'hui les villes sont peuplées de ce que l'Ermite de la Chaussée d'Antin, avec cette horreur du mot propre qui caractérisait son temps, aurait appelé des « Temples de la Consommation », et que nous appelons, nous, Restaurants, Brasseries, Mastroquets, Cafés, Dégustations, Distillations, Bars, Caboulots, Beuglants, Débits : tout pour le service de l'estomac. Il est des rues parisiennes où, sur cent commerces, quatre-vingt-dix ont trait à la boustifaille ou à la boisson.

A Paris, la consommation est gigantesque. Non point que chaque Parisien soit individuellement un goinfre, un pilier de café ou de brasserie. Mais d'une façon relative : deux millions et demi d'hommes sont forcément un consommateur formidable. Avec un pareil chiffre d'habitants, il y a de quoi garnir les quelques centaines de tables des cafés et donner l'apparence d'une absorption constante et outrée. Mais si absorption constante il y a, elle est le fait de certains consommateurs invétérés et toujours les mêmes, qui se sont délégués à consommer pour ceux qui ne consomment pas.

On consomme : 1° pour se désaltérer (ou se reposer, avoir un prétexte à s'asseoir ou à lire son journal); 2° pour s'ouvrir l'appétit; 3° pour digérer; 4° pour se rafraîchir; 5° pour se réchauffer; 6° pour s'égayer.

Le désaltérant-type est la bière (et pour le peuple, le vin);

L'apéritif-type est l'absinthe (très concurrencée aujourd'hui par la série des amers);

Le digestif-type est le café (suivi du « pousse-café » : la collection des liqueurs);

Le rafraîchissant-type est la glace (avec la série des mixtures frappées);

Le réchauffant-type est le grog (et le populaire vin chaud);

L'égayant-type est le mousseux champagne (ou le punch flambant).

On consomme aussi par un septième motif, le bon motif, le plus puissant de tous : on consomme pour consommer, pour rien, pour le plaisir. — Comme le duelliste de Marion Delorme *alors? — Tout juste. Et tenez, le duel a été en ce temps-là une manière de consommation; même plus récemment : rappelez-vous, dans une lithographie de Charlet, ce grognard qui, pour terminer une querelle de conscrits, leur conseille d'aller « se rafraîchir d'un coup de sabre ». L'homme a tourné en consommation même les choses immatérielles. Que consomment l'alcoolique, le fumeur d'opium, la morphinomane? Est-ce bien l'alcool, la fumée, ou l'alcaloïde? N'est-ce pas l'ivresse, le rêve, l'oubli?*

Et c'est pour me soûler que je bois, non pour boire,

a dit le consommateur Verlaine.

Mais ne subtilisons pas, et revenons au précis.

On consomme, disons-nous, pour le plaisir de consommer. C'est que la consommation prouve le superflu, le loisir, le repos, le congé, le « cœur à l'aise » (air connu), *l' « oubli des soins fâcheux »* (idem). *Dans tout consommateur il y a du* hæc otia fecit. *Et c'est pourquoi la consommation par excellence est chose du dehors, et prise dans un établissement* ad hoc. *Il n'y a pas à démontrer que la consommation, fût-elle de premier choix, absorbée à domicile, ne vaut pas le dernier des rogommes siroté à la table d'un café ou sur un comptoir.*

Pour cela encore, la consommation consiste beaucoup plus particulièrement en un liquide, — « prendre quelque chose », c'est-à-dire boire sans soif, étant, comme on sait, le propre de l'homme.

Mais être ingénieux pour tourner à volupté les nécessités physiques est aussi son propre. Par des imaginations inouïes il a métamorphosé, toutes les fois qu'il a pu, l'obligation de manger en plaisir de consommer. Petit déjeuner du matin, déjeuner, collation, goûter, lunch, dîner, souper, il a tout transformé en occasions de se délecter ; et qui se délecte consomme.

Dès qu'il cesse de manger uniquement pour vivre, dès qu'il apporte dans la mise en action de son appareil dégustatoire l'idée de superflu en quantité ou en qualité, il consomme.

Affiner le pain en jocko, éduquer et verdir les huîtres, tartariser l'anguille, effilocher la morue en brandade, travestir le veau en thon, le mouton en chevreuil, faire singer la tortue par la tête de veau, gaver les volailles, hypertrophier les foies, truffer les pieds, grossir l'asperge jusqu'à l'éléphantiasis, mouler les turbans, échafauder les bellevues, ériger les aspics, enrober les perdreaux en chaud-froid, quintessencier le blanc de poulet en « suprême », injecter le macaroni, macérer le fromage dans le madère, agglutiner les sucreries en édifices; invoquer Marengo et Navarin à propos de sauces, Condé à propos de pêches, Soubise à propos d'oignons; accommoder Richelieu en timbale, Talleyrand en coulis et Nesselrode en pudding; et ainsi de suite à cette fin que, — comme le dit Brillat-Savarin en un mot de la plus gourmande concupiscence, — la bouche « s'inonde de délices », ce n'est plus là se nourrir, morbleu! mais se préparer les voluptés de la consommation. Pareillement, se carrer au restaurant — que ce soit à l'Anglais ou au Duval, — et, l'esprit méditatif et tendu, dresser sur la carte un plan de campagne déjeunatoire ou dînatoire, et le dicter à un chef d'état-major : maître-d'hôtel, garçon, bonne ou sommelier.

Les consommations, théoriquement innombrables, se réduisent dans la pratique à un chiffre limité de substances, partout les mêmes. Pour diversifier cette répétition, l'homme, ingénieux une fois encore, se met présentement l'imagination à la torture, cherchant la variété et l'inédit par le décor et les accessoires : dorant les parois des restaurants, peignant, —ou peinturlurant — les murs des brasseries, maquillant les cafés en vieilles tavernes, en bouges et en clapiers moyen âge, voire en bagne, et même en autre chose, et les garçons en forçats ou en académiciens; usant de la musique comme condiment, de la chanson comme ravigotant, et de l'éternel féminin comme excitant. C'est là ce que l'on peut appeler la mise en scène de la consommation.

Donc Paris a aujourd'hui des matières et des manières de consommation spéciales à notre temps. Ce qu'est, en 1893, Paris consommant, Goudeau, dites-le; Vidal, montrez-le!

Le sujet est inépuisable : il y faut opérer une « sélection », suivant un vocable fort consommé aujourd'hui : Vidal, prenez d'un trait alerte quelques « instantanés », Goudeau, commentez-les en observateur, et tous deux, servez-nous un Paris qui Consomme, document dans le présent agréable, et dans l'avenir instructif à consommer.

HENRI BERALDI.

PARIS QUI CONSOMME

PARIS QUI CONSOMME

TITRE I

LA CONSOMMATION

A Paris, le besoin de consommer naît avec le jour et ne prend fin qu'avec la nuit : dès l'aurore, la gueule — ainsi disaient nos pères — est ouverte, qui n'est point encore refermée aux ténèbres. Ou mieux, ce besoin d'une si miraculeuse intensité ne commence ni ne finit : cycle ininterrompu s'enroulant sur lui-même, à l'instar du symbolique serpent, ce consommateur singulier qui se mord éternellement la queue.

A l'heure ultra-matinale où le fiacre suprême, la dernière voiture de cercle, ramène au logis le joueur décavé qui, se remémorant les abatages manqués et les mauvais tirages à cinq, sent naître en lui à la fois un désespoir momentané, un sommeil vague entrecoupé de visions où le huit et le

neuf jouent le premier rôle, et une soif ardente qu'il étan-
che avec le consommé froid ou le verre d'eau sucrée à
peine aromatisé par une larme de wisky ou d'alcool de
menthe; à l'heure où quelque autre voiture reconduit à
son logis l'amoureux attardé, dont la fatigue trahit enfin
le courage, et qui, avant que d'entrer dans le lit de repos,
le lit pour un, se réconforte d'un grand verre d'eau
fraîche pris goulûment; — à cette même heure, descendent vers leurs labeurs les ouvriers, maçons, charpentiers,
débardeurs, forgerons, zingueurs, serruriers, tourneurs,
tous les innombrables corps d'état qui font de Paris une
vaste usine.

Car Paris, ce Paris tant calomnié de l'étranger noceur,
Paris, la ville du plaisir, est avant tout la ville du travail :
avec fièvre, avec génie, Paris industriel abat une besogne
immense. D'ailleurs, sans travail point de consommation!

Donc, dès la première aube, le travailleur s'en va vers
l'atelier. Mais il a acquis la veille, grâce aux boissons et
aux pipes du soir, ce qu'on appelle « le ver », c'est-à-dire
une sorte de voile ou de suie qui tapisse l'arrière-bouche
et obstrue le canal de la consommation. Les bellevillois
comme Coupeau appellent cela « pituite », ou encore
« gueule-de-bois »; expression qu'un monsieur comme
il faut, et qui sait du grec, a imaginé de traduire, pour
rester distingué dans sa façon de qualifier le classique
« mal aux cheveux », par : « avoir le xylorhynque ».

Ce « ver », les travailleurs matinals vont l'extermi-
ner par l'alcool, le « tuer » chez le mastroquet du coin,
non loin de l'atelier.

L'œil sur la pendule, le serrurier dit au charpentier,
tout en vidant un verre de blanc, un cognac, un « mêlé-
cass' » ou un rhum :

— A la tienne, Étienne!

C'est la formule consacrée; elle prouve que la rime
riche est une consommation usuelle même chez l'illettré
qui ignore l'*Art poétique*.

Un groupe de clients, portant leurs outils variés sur
l'épaule, demandent au patron, gros, lippu, encore en-
sommeillé :

— Ça va-t-il, la toquante?

Et, sur la réponse affirmative du « bistro », un farceur
de la bande crie :

— A nous le zanzibar!

Et les dés roulent sur le comptoir de zinc taché de
couleurs diverses, parmi les verres à demi pleins, ou
vides et poisseux, tandis que le garçon hâtif aligne encore d'autres rangées de mêlé-cass' ou de demi-setiers,
dans lesquels les joueurs de bon appétit trempent un
croissant.

En regardant rouler ces dés, je me remémore une
illustration d'un roman écrit — oh! comme il y a longtemps! — par le bibliophile Jacob, et que je lus en ma

tendre enfance. Cela s'appelait, je crois, *la Belle Maugrabine,* et l'on voyait le duc de Créqui, fraise au col, dague à la ceinture, jouant aux dés, nouveau Robert le Diable, toute sa fortune en or et pierreries, et même sa haquenée fidèle, contre l'insolente veine d'un marquis quelconque.

Et maintenant, les dés roulent dans la poisse du comptoir, et l'un d'eux va choir en la boîte à ordures, que, pressé d'ouvrir la boutique, le garçon n'a pas eu le temps de porter sur le trottoir.

Mais la cloche de l'atelier voisin sonne, appelant au travail les traînards du bistro, les fanatiques du zanzibar. Et le mastroquet compte les gros sous. Quelques-uns des clients cependant, au lieu d'allonger la monnaie, ont simplement dit : « Je paierai ce soir. »

Sur ce, le « ver » est mort.

La porte de l'atelier ou de l'usine se ferme, et les camarades qui arrivent en retard se glissent encore chez le marchand de vin, pour y attendre que l'on rouvre.

*
* *

Et voici, le carrick ou la redingote sur le bras, le fouet à la main, la pipe à la bouche, le chapeau ciré renversé en arrière, messieurs les cochers qui viennent aussi « lever le coude » avant le départ.

Pierre VIDAL

GILLOT sc

Il y en a des gras, il y en a des maigres, des barbus et des glabres ; il y en a de mauvais, grossiers et querelleurs, mais il y en a aussi, et en grand nombre, disons-le hautement, de très braves, complaisants, et polis. Malgré la légende qui les représente toujours prêts à consommer le client tout cru, malgré l'exécration du Parisien pour l'espèce automédone, on ne peut avec justice ramener à un type unique et à un même dénominateur (celui de « Collignon », suprême injure abominée des cochers) les fractions diverses d'une corporation dont les membres se comptent par milliers et offrent toutes les variétés que suppose ce nombre. Un trait cependant leur est commun : ce beau teint rouge-brique qui fait la gloire de leur âge mûr ; résultat de la vie en plein air et de l'usage des consommations réchauffantes.

Ils passent vite, debout au comptoir, et disparaissent, regagnant leur station.

Et le mannezingue demeure vide, pour cinq ou six longues heures. Paris travaille !

Mais à midi, à l'heure où les chevaux, eux aussi, consomment, le nez dans la musette, nous les reverrons, ouvriers et cochers, attablés devant la porte, mangeant, ou plutôt consommant solidement la large ration, la « portion » de viande et de légumes d'une coction délicate et irréprochable. Car, détail topique, le peuple est autrement difficile sur la cuisine que les classes dites

supérieures. Moins original dans ses menus, et encore!
il veut une base résistante, mais il la veut en gourmet, et
ne transige pas comme le bourgeois sur le parachevé
de la cuisson d'une daube ou sur le saignant d'un gigot
aux soissons.

Sur ce fond inébranlable, sur cette base, il assoira
le travail — et les diverses absorptions — de la journée.
Pour le matin, le verre destiné à tuer le ver n'a été
qu'un simple coup de pioche, le premier terrassement
de la consommation.

*
 * *

Les femmes, — sauf de monstrueuses exceptions, —
ne connaissent point le tue-ver. Elles vont à la crémerie,
prendre le débilitant et bien-aimé café au lait, à qui l'on
a fait la réputation d'être le tue-femmes.

La crémerie, symphonie en blanc majeur entre la
rougeâtre boucherie et la boulangerie jaune! La devanture est le plus souvent couleur de lait, parfois avec des
tons bleus; mais fût-elle teinte en note chocolat, en
mauve, ou en bouton-d'or, la splendeur immaculée des
crèmes, l'innocence des petits suisses ou des gervais,
et la candeur parfois mouchetée des œufs frais donnent
à son étalage un cachet lilial dont elle a le monopole, à

travers tous les visages de boutiques s'ouvrant sur la rue, et qu'elle garde malgré les quelques notes sombres des pruneaux cuits, morceaux de jambon, poires, raisins secs et amandes. C'est le blanc qui domine sans conteste possible, au moins dans la première salle où les ménagères matineuses viennent s'approvisionner.

Mais dans la salle du fond une certaine obscurité règne derrière la cloison de bois découpé. Un jour maigre y descend de la fenêtre donnant sur la cour.

Dans les petits paniers, des pains de toutes formes, ronds ou longs, aplatis ou dodus, sont entassés sur chaque table de bois ou de marbre, à côté d'une épaisse carafe entourée de trois ou quatre verres sans pied, le fond en l'air.

Des femmes surtout viennent là : institutrices ou petites ouvrières, femmes de journée ou demoiselles pauvres. On y voit aussi de ces veuves tout en noir qu'on retrouve à la Bibliothèque Nationale se livrant à de vagues copies pour on ne sait quel journal.

Des appels se succèdent : « Quatre de chocolat! Deux de café au lait! Trois de café noir! » Ce qui veut dire quatre sous, deux sous, trois sous. Fumant en des bols solides et opaques arrivent, portées par une servante à tablier blanc, les consommations demandées. Sur l'assiette épaisse où repose le bol, s'étale une large cuiller à bouche.

Les femmes qui ont des gants aux mains les tirent doucement et les posent sur la table; celles qui ont une voilette sur le nez la relèvent. Celles qui n'ont rien se hâtent de briser leur pain et d'en jeter les premiers morceaux dans leur chocolat ou leur café, puis, en attendant que ces premiers morceaux soient suffisamment imbibés, elles trempent le reste de leur *flûte* dans le breuvage brûlant. Les moins pressées jettent un coup d'œil sur le feuilleton de leur *Petit Journal*, qui continue à lutter avantageusement contre les nouvelles salées de quelques feuilles ou suppléments pornographiques.

Et l'on entend, derechef : « Trois de chocolat! » ou : « Quatre de café! »

Ce sont des clientes nouvelles, ou parfois un client : un homme lassé à l'allure pauvre, dont la redingote élimée pleure misère, un bohème à barbe inculte; ou encore quelque philosophe entre deux âges, portant sous le bras une importante serviette bourrée de papiers et de livres dans lesquels il s'empresse de fourrer son nez, tandis que refroidit son bol.

C'est là la vraie crémerie, celle qui n'offre que du lait ou du chocolat; mais il en est d'autres où l'on peut entendre demander un œuf au plat, et souvent la domestique annonçant à l'office crie : « *Une œuf bien cuite!* »

Les verres s'emplissent de l'eau des carafes, à moins que la dame veuve ou le philosophe, ou parfois la petite

ouvrière ne demandent un carafon (ou trois de vin).
Parfois le bohème à redingote élimée, sentant au fond de
lui une étrange fadeur après son chocolat ou son lait
froid, réclame un petit verre de kirsch ou d'eau-de-vie
de marc.

Les crémeries ont, sous leur uniforme blanc, des phy-
sionomies particulières selon les quartiers. Dans les
centres riches, elles n'ont presque pas de salles à manger,
elles se contentent de vendre lait, œufs et fromages.
Dans les quartiers populeux, très pauvres, elles n'offriront ni vins ni liqueurs à leurs hôtes de passage. Mais
vers « Montmertre », pays des rapins, ou encore dans
le quartier de la Sorbonne et du Panthéon, elles res-
sembleront à de véritables restaurants, offrant sur les
tables de marbre de la salle du fond, la consommation
renforcée de solides, *en-cas* substantiel : le bifteck aux
pommes, la côtelette au cresson, l'omelette aux fines
herbes et quelquefois, ô Armand Silvestre! le cassoulet
de Castelnaudary. Et les clients, délaissant l'eau de la
carafe, demanderont peut-être une demi-Pomard, ou,
pour être plus sûrs de ne point se tromper, une demi-
Bercy; ils ajouteront au repas quatre de café noir « dans
un verre » (pour en avoir davantage), et un cognac de la
plus inférieure des Charentes.

Il est telle crémerie à juste titre célèbre qui voit,
autour du marbre de ses tables, se réunir de curieux

personnages lesquels, en mangeant une entrecôte purée et en buvant de l'Argenteuil dans les verres sans pied, se demandent mutuellement des nouvelles de l'Afghanistan ou du lac Tchad, de la Cordillère des Andes ou du Thibet. C'est la *Crémerie Belge*, rue Mazarine, où l'on a vu, dit-on, Brazza et Stanley, où l'on pleure Flatters, et où l'on exalte Trivier et le commandant Monteil.

Mais, dans les grandes comme dans les minuscules, quand le repas léger ou plus corsé est fini, le client se lève, passe au comptoir et détaille sa consommation. C'est un dialogue entre lui et le patron ou la patronne :

— Quatre de chocolat.

— Quatre.

— Deux petits pains.

— Deux, ça fait six.

— Un carafon.

— Trois, ça fait neuf.

— Voilà neuf sous.

Ou encore, en un langage déjà plus système métrique.

— Entrecôte aux pommes.

— Soixante.

— Une demi-ordinaire.

— Trente.

— Deux petits pains.

— Vingt. Quel dessert ?

— Raisins.

— Quarante. Pas de café ?

— Si, et deux petits verres de marc.

— Vingt et trente, cinquante.

La patronne compte : zéro, six, neuf, onze, quinze, vingt.

— Ça fait deux francs.

Et l'on a laissé un pourboire sur la table pour le garçon. Car la crémerie-restaurant possède un domestique mâle, avec ou sans moustaches.

*
* *

Entre le tue-ver ultra-matinal des ouvriers et le vermouth de onze heures des boursiers la consommation ne chôme point.

Des employés de bureau, au galop, prennent un rhum, un café au kirsch, ou un simple verre de byrrh hygiénique et pharmaceutiquement chargé de quinquina. Des facteurs de la poste, au cours de leur tournée de neuf heures, lampent un verre sur le comptoir dans la boutique à tabac. Des déménageurs trinquent en l'honneur du « patron » et se *soutiennent* un peu à l'aide de quelques chopines rouges, parfois bleues.

Ainsi de suite à l'infini. Mais vers midi moins le

quart, c'est le bar anglais, le bar anglo-américain plutôt,
dont le règne commence.

Perché sur une haute chaise, serré dans une jaquette
due à un tailor de l'avenue de l'Opéra, portant du linge
blanchi à Londres, dit-il, l'anglomane parisien boit des
liqueurs américaines.

L'Anglais véritable passe là en courant. Il demande
un cocktail, ce mélange de bitter yankee, de sucre, de
citron, d'eau glacée et de cognac (à moins qu'à l'eau-
de-vie ne soient substitués le wisky, le kirsch ou même
l'absinthe). Pendant qu'on prépare le laborieux breuvage,
il jette un coup d'œil hâtif sur un journal de courses,
tout en essayant de saisir dans la conversation ambiante
quelque bon *tuyau*. Le cocktail à la fin servi, il l'avale,
paie, et fuit vers une destination inconnue.

Le Parisien anglomane reste là, lui.

Venu vers dix heures du matin, afin de chasser les
brumes épaisses amassées en son gosier par les wisky,
irish-brandy ou old-tom-gin de la veille, il demande un
soda-water. On lui débouche la fiole verte (il y faut une
certaine adresse, car dès que le bouchon de verre a bas-
culé, le liquide mousseux s'efforce de partir en feu d'artifice, ou si vous voulez, en eau d'artifice). Dès lors, il boit
à belles gorgées, et repousse vers son estomac, brûlant
comme un sahara, les brouillards de son arrière-bouche,
— quelques-uns prononcent *arrière-cuite*, étant donné

que la *cuite* est ce qu'en termes polis on appelle une forte griserie.

Bientôt l'estomac, lubrifié par le soda, réclame quelque chose de dur. *Paulo majora bibamus!* Ainsi la terre, après la pluie, s'ouvre pour les semailles fécondes. Et alors commence une série de cocktails, jaunâtres, opalins, verts, bleus, selon la prédominance de telle ou telle liqueur.

L'art de faire un bon cocktail est très réputé. On a vu à l'Exposition Universelle un nègre qui, tenant un verre plein du mélange dans une main, et un verre vide dans l'autre, lançait la liqueur dans l'espace, aller et retour, sous la forme d'un jet demi-circulaire, recevant dans le verre vide ce que lui envoyait le verre plein. Cette prestidigitation était, paraît-il, prodigieusement favorable à la bonne mixture des divers éléments constitutifs du cocktail, lequel a la spécialité non seulement de donner de l'appétit, mais encore, si l'on en croit ses fervents sectateurs, de raffermir les intestins délabrés par le passage des nourritures. Croyez cela, et buvez... de l'eau, dit un méfiant et hygiénique proverbe.

L'appétit enfin venu, ou plus exactement lorsque midi et demi sonne, l'anglomane se dirige vers quelque taverne anglaise, où le rosbif sans sel ni poivre, fade (oh! combien fade!), s'accompagne sur l'assiette de pickles enragés et de moutarde vésicante.

Après le repas, nous perdons notre homme de vue : il se livre à ses occupations, qui consistent généralement à aller aux courses, soit sur le mail-coach d'un ami, soit plutôt, pour vingt sous, ou même pour dix, sur un de ces longs breaks à quatre chevaux qui terrifient le passant tardigrade.

Mais nous reverrons l'anglomane à quelque *posada* (ou *bodega*), laquelle, malgré son nom espagnol, est tenue par de purs Londonniens.

Là, entre les tonneaux qui ornent la muraille, bruns sous leurs cercles dorés, il s'assiéra à quelque jolie petite table et humera le nectar *select* qui est un vin blanc du Portugal à un franc le verre, ou encore les xérès variés (*via* London), tels le *pale sec,* le *golden doré,* le *golden doré doux,* le *brown doré foncé*, ou même le *old east India* (retour des Indes). Le madère, en cette posada, quitte son nom déjà banal pour arborer ceux très britanniques de *good young* (bon jeune) à soixante centimes le verre, de *full medium* (doux) à soixante-dix centimes et de *malmsey* à un franc. L'anglomane ne manquera pas non plus de goûter le *finest scotch wisky*, ou le très vieux *american-wisky*, ou l'*irish-wisky*, à moins qu'il ne préfère le *white-rum*, ou le *best-Jamaïca-rum*, ou le terrible *gin-and-ginger-ale*, composé devant lequel tremblent les plus formidables buveurs.

Le soir nous le retrouverons à l'*Euréka*, dont le nom

grec dissimule un bar selectissime quoique étroit, à ce
point célèbre que les romanciers élégants le citent volontiers comme le rendez-vous des rares et suprêmes
habits rouges.

Là il ingurgitera des pale-ale, des *Burton-no*, des stout
ou des extra-stout; ou bien, en une pinte sérieuse, il
fera *half and half*, mélangeant la noire et la blonde, puis
prendra quelques verres de *porter* avant le wisky final, et
ira se coucher en attendant le soda-water du lendemain.

*
* *

Après l'anglomane des bars, le germanisé des brasseries : celui-ci est légion.

Nous taxons de germanisé l'assidu de brasserie parce
que, AXIOME : la Brasserie est allemande, même lorsqu'elle est française, gérée par des Français qui y vendent
de la bière française à des rédacteurs de journaux français et patriotes; même lorsqu'elle est gauloise, servie
par des femmes qui y débitent, comme disaient nos
pères, la « petite oie » et encore la grande, si l'on peut
risquer ce mot.

La Brasserie est allemande, parce qu'elle est l'opposée
du Café, qui, turc d'origine, est devenu essentiellement
français.

Le Café est un lieu de repos, de distraction, de causerie, où l'on ne redouble pas la consommation (laquelle
n'est généralement qu'un prétexte) et, caractère topique,
d'où l'on finit toujours par sortir. Le matin, on y sirote en
longueur un petit verre, pas deux : la vraie consommation
est alors le journal, lu économiquement à la douzaine.
Et l'on s'en va, mis au courant des faits, pour se rendre à
ses affaires. Dans la journée, on y prend un bock, pas
deux : prétexte à s'amuser et à regarder circuler le
monde. Et l'on s'esquive. On y retourne vers six heures,
et, moyennant un apéritif, pas deux, on rencontre ses
amis : la consommation véritable se trouve dans la causerie
légère et bien française; et l'on rentre. Après dîner, on
y prend une tasse de café, pas deux; mais, loin de s'attar-
der, on se lève précipitamment pour gagner le théâtre.
Dans la soirée on y consommera une glace, pas deux :
prétexte à se reposer en respirant un peu l'air frais.
Et l'on reprend sa promenade. A la sortie du théâtre, on
y répare ses forces avec une tasse de chocolat, pas deux :
mais en cinq minutes; et l'on se sauve par le dernier
tram, pour s'aller coucher.

A la Brasserie, on prend un bock, deux bocks, trois
bocks, quatre bocks, cinq bocks, dix bocks.

Et l'on ne sort plus.

Le dîner finit par se trouver relié au déjeuner et le
souper au dîner par une chaîne ininterrompue de bocks.

Vous avez perdu la faculté de vous lever et de vous en aller. L'alourdissante boisson a fait son œuvre : vous n'êtes plus un Français, mais un teutoniforme.

Si le phylloxera, achevant son audacieuse carrière, détruisait définitivement la vigne, et n'épargnait que le houblon, ou bien si les Français se mettaient à ne plus fréquenter que la brasserie, c'en serait bientôt fait, ils seraient tous devenus des *boches*.

Allons, Bacchus, un peu de nerf! A la rescousse et extermine Gambrinus! Pense à ceux qui ont combattu le bon combat, à ces écrivains qui, il y a quelques années, voulant débarrasser la poésie française des brouillards tudesques, résolurent de ne plus boire que du vin, chez Joséphine, boulevard Saint-Michel, à l'enseigne assez singulièrement choisie du *Sherry Cobbler*. Ce vin, vanté par Bouchor, Richepin, et autres dont Bourget, s'appelait là un *tannin d'honneur*, bordeaux à un franc la bouteille dégusté en chantant de vieilles chansons de France!

L'insecte dévastateur, vil émissaire travaillant pour le compte de l'étranger, interrompit cet apostolat; et de nouveau la boisson allemande, victorieuse par l'infâme trahison phylloxérique, coula à flots sur Paris pituiteux, en d'innombrables brasseries internationales!

Quant à la pure brasserie allemande elle fleurit dans tous les quartiers de Paris, mais est surtout fréquente dans le quartier Hauteville. Là, le véritable *deutsche*

foisonne, le *bock-bier,* le demi et le quart triomphent.
Ailleurs les brasseries peuvent être viennoises ou
bavaroises, là elles sont franchement allemandes, non pas
seulement d'aspect ou de consommation, mais aussi de
tenue et de réalité. On y voit des courtauds de boutique
comme on n'en fait plus à Paris et qui nous viennent du
Brandebourg ou de la Poméranie; des Allemands de la
petite bourgeoisie et du commerce, avec des airs de
cordonniers rubiconds, ou de tailleurs rabougris. De-ci,
de-là quelques « reptiles » de l'espèce serpent à lunettes,
et des financiers rapaces genre Jacob ou Cornélius.

Ceux qui veulent, en même temps qu'un verre de
bière par la bouche, consommer par les oreilles des
ya innombrables, beaucoup de *meinherr,* force *der Teufel,*
ceux qui souhaitent se régaler en entendant dire *projet*
pour *brochet,* réciproquement *bain* pour *pain,* et enfin
goudeau pour *couteau,* n'ont qu'à aller l'après-midi ou le
soir, dans telles brasseries de ce quartier Poissonnière,
alors succursale en plein Paris de l'Unterdenlinden de
Berlin ou de la Judengasse de Francfort.

On y sert (vous pensez!) la bière à flots, la brune et
la blonde et la blanche, dans des verres, parfois ornés
d'un couvercle au chiffre du consommateur habitué, qui
posent sur des soucoupes de feutre brun semblables à
de la tourbe; et aussi le kirsch de la Forêt-Noire sur de
minuscules soucoupes blanches.

SAUCISSES de FRANCFORT

CHOUCROUTE à TOUTE HEURE

BIÈRE de MUNICH

Pierre VIDAL

4

On est assis sur des bancs durs devant des tables de bois verni, sur lesquelles inamoviblement se prélassent, en des assiettes de faïence, ces gâteaux contournés en huit, secs comme un jour d'échéance, et saupoudrés de sel, les *bretzel*, qui aident l'estomac du buveur fanatique à s'archi-remplir alors qu'il est déjà plein.

Car, différence capitale, la bière a la propriété de pouvoir être absorbée, non seulement jusqu'à « plus soif » mais bien au delà; tandis que le vin, le vrai rouge ou le faux bleu, ne peut être ingurgité que dans des proportions limitées par la capacité stomacale. Celle-ci dépassée, le viscère se met carrément en insurrection, et le vin est expulsé brusquement et de force. Vous m'avez compris. Mais avec l'excès de bière, point de ces révoltes; il coule, descend doucement, et s'élimine par le jeu d'une glande que les Teutons, et à leur suite les biéromanes français, font travailler en permanence : c'est le célèbre *rein allemand*.

Pour être juste, on trouve là les *Fliegende-Blætter* : ce journal amusant de Munich, possédant quelques dessinateurs bizarrement exquis, nous fait oublier l'atmosphère énergique des pipes de faïence. Parfois aussi, l'après-midi, quand la brasserie est presque déserte, on surprend un tableau pseudo-hollandais qui ne manque pas d'un certain charme provincial. La patronne et ses deux filles, ayant délaissé le comptoir obscur, se tiennent assises à une table

vide de consommateurs, près de la porte, et cousent on ne
sait quoi, en baragouinant. Ah! le touchant tableau de
paix, cette famille commerçante et hilare qui peut-être
est en train de nous souhaiter avec bonhomie les pires
catastrophes, et jouit sans crainte de notre hospitalité si
facile et si douce!

Les autres brasseries allemandes, éparses en divers
quartiers, sont fréquentées surtout par des Français dont
le palais n'a point voulu s'accoutumer aux bières françaises telles que la *Comète*, le *Faucon* ou la *Tantonville*,
et qui préfèrent la *Niederbrau* de Munich, la *Pilsen* de
Hongrie ou la *Fanta* de Vienne.

Que ces brasseries s'appellent Dreher, Muller,
Zimmer, à l'allemande, Pousset ou Ducastaing à la française, on a généralement le même décor de tables et
bancs de bois, les mêmes soucoupes feutrées, les
mêmes bretzels secs comme un coup de trique des-
tinés aux estomacs rebelles à l'inondation; seulement on
y entend le français. Souvent émaillé de solécismes, mais
enfin le français!

Dans ces temples de l'inondation jaune ou brune, on
peut voir parfois s'étaler sur une affiche démesurée le
nom de SALVATOR; on ajoute à ce nom la mention : « est
arrivé! » *Salvator est arrivé!*

« Salvator » est la joie des fanatiques de la bière. C'est
tout simplement une brasserie de Munich dont les envois

ne suffisent pas à la clientèle énorme qu'elle possède, et dont les fûts sont signalés à ses adorateurs.

Par ce temps de néo-mysticisme, le nom de Salvator fait bien : Sâr Salvator ferait encore mieux! — En tout cas le « Salva » se surpaye : trente-cinq centimes le bock au lieu de trente; et le « double », soixante centimes au lieu de cinquante.

Donc on boit, et les réduits que je n'ose nommer témoignent, par d'ammoniacales senteurs, de l'influence diurétique du houblon, ou de l'orge, ou du buis; car le buis a la réputation d'être, en fait de falsification de bière, ce qu'est la chicorée au café, ou le campêche au vin.

Mais cette légende du buis n'est, c'est le cas de le dire, que de la petite bière. La « question de la bière », — car il y a une question de la bière, comme il y a une question du vin, une question de l'alcool, et bien d'autres, — est ailleurs, et autrement grave! Elle est dans cet effrayant syllogisme :

L'acide salicylique est un poison qui à la longue appesantit, ravage, détruit sûrement l'organisme humain. Or la bière allemande a besoin, pour venir en France, de se conserver sans fermenter. Pour la conserver, il faut la salicyler. — Donc la bière allemande est, en France, un poison lent et sûr, tuant à échéance, comme le poison des Borgia.

Décidément notre axiome de tout à l'heure n'était pas

encore assez absolu : il faut le reprendre, et dire : « Le Français qui s'emplit à Paris de bière allemande est dix fois plus empâté, alourdi, dix fois plus germanisé et *schopenhauerdé* que le Germain lui-même. »

Et le succès de la bière française est, en attendant mieux, un acompte sur la « justice immanente ».

* *
* *

Après le déjeuner et les absorptions consécutives, un temps d'arrêt se produit dans la consommation : Paris retravaille.

A deux heures, tout ce qui tient la plume est au bureau, tout ce qui manie l'outil est à l'atelier. Et tout ce qui se sert de la langue hurle à la Bourse, parle à la barre, ou se prépare à monter à la tribune.

Vite un tour à la buvette de la Chambre ! Ce que l'on y consomme, en dehors des boissons et sandwichs, c'est de la courtoisie, si nécessaire entre combattants séparés par le fossé des opinions diamétralement opposées, ou même — et ceci est encore plus grave — par l'abîme des simples nuances dans le même parti. Ce n'est que là qu'on peut voir causant ensemble avec toute l'urbanité française un évêque, un leader radical et un bonapartiste militant. Quitte à ce qu'un instant après, en

Pierre VIDAL

séance, le second, avec des airs menaçants à l'intention
du premier, demande la suppression du budget des cultes
(*clameurs à droite*), et que le troisième réclame la suppression de la République (*protestations à gauche ; à l'ordre !*).

La buvette est garnie, comme on eût dit naguère au
théâtre, « de tout ce qu'il faut pour consommer ». Et
ce, moyennant une cotisation de cinq francs par mois.
Encore réalise-t-on en fin de session un fort boni : nos
députés sont décidément peu consommateurs. Sans
compter le traditionnel verre d'eau sucrée, ainsi nommé
parce que souvent, au goût des orateurs, il consiste en
vin ou en café.

Car l'eau sucrée n'a plus que de rares adeptes, parmi
lesquels on peut citer le duc de Doudeauville, MM. Basly,
Baudin, Pichon, Floquet, Lockroy, Leygues, Barthou.
L'employé préposé au service de la tribune a reçu le nom
de « verre d'eau » : il s'appelle en réalité Nicolle. Ce
n'est pas une sinécure que de se rappeler les goûts divers
des orateurs. Quelques exemples : M. de Cassagnac boit
de la citronade, tandis que le doux M. Méline absorbe été
comme hiver des grogs chauds. M. le comte de Mun et
M. Michou boivent de l'eau pure, M. Mermeix y ajoute de
la glace. Le café froid augmenté d'eau (mazagran) avec
ou sans sucre requiert MM. Deschanel, le baron Reille,
Després, de Lamarzelle. Dans les derniers temps de sa
vie parlementaire, M. Thiers avait substitué le mazagran

au bordeaux qu'il préférait antérieurement. Gambetta
prenait du café froid. Le café chaud n'est jamais demandé.
Un seul orateur buvait de la bière : c'était Mgr Freppel.

M. Clémenceau, auquel on attribue l'usage habituel
du laudanum en guise d'apéritif, ne boit à la tribune que
de l'eau de seltz avec du marsala. M. Yves Guyot appré-
cie fort ce vin. M. Pouyer-Quertier fut célèbre pour sa
façon robuste d'absorber du bourgogne.

Nicolle a soin de prendre connaissance des orateurs
inscrits, et de tenir préparés les verres dans une armoire
à proximité. Verres inutiles pour MM. de Freycinet et
Constans, qui ne consomment jamais rien.

Notons ici que, dans le salon de la Paix, où rôdent les
journalistes en quête de renseignements-primeurs (consommation très recherchée), on fume les cigares de dix
centimes, *vulgò* cigares de députés, cigares des élus,
plus exquis que le londrès vendu à gros prix aux vul-
gaires électeurs. On en peut savourer l'arome les jours
de séances sérieuses, c'est-à-dire ennuyeuses, où les
politiciens, désertant leurs bancs, laissent à la tribune
leurs collègues traiter dans un vide pneumatique les
questions d'affaires.

Soudain buvette, couloirs, salon de la Paix se font
déserts. Les honorables se précipitent vers la salle des
séances. Chose étrange, ils viennent de consommer, et
c'est tout juste à présent qu'ils ont des airs altérés et

dévorants. Ah! mais voilà! ils ont flairé une consommation extraordinaire : une interpellation du meilleur tonneau, un Panama retour de l'isthme, un scandale à quatre-vingt-dix degrés centésimaux. Mieux encore, une friandise suprême : il paraît qu'on va consommer le ministère!

*
* *

Vers trois heures, les jours de semaine, le cycle de la consommation arrive à un « point mort », ou, comme disent les gens qui ramènent tout à des « graphiques », la courbe de consommation est à sa dépression *minima*.

A quatre heures le point mort est franchi et la courbe se relève en reprise sensible. C'est le moment où, dans certains corps d'état, le brave *ouverrier*, prenant une récréation d'un quart d'heure, ira se restaurer d'un verre chez le marchand de vin.

Le marchand de vin! l'un des grands facteurs de la consommation, la brasserie et le café étant les deux autres.

Puissance cabalistique du nombre trois! On le retrouve en tout. Café, Brasserie, Marchand de vin : trinité qu'Hugo n'eût pas manqué d'appeler un « triangle formidable », et où il nous eût sûrement montré, suspendu sur la tête, ou mieux, sur l'estomac de l'humanité, un « triple anankè » : l'anankè de la bière, l'anankè du vin, l'anankè de l'alcool!

L'anankè de la bière, nous le connaissons, il s'explique d'un mot : salicylage.

L'anankè du vin eût été défini par Hamlet en ces deux termes : En être ou ne pas en être. Pour ne pas assombrir le tableau et pousser les choses au pis, mettons que le vin, le vin du marchand de vin, *en est* souvent : coupage d'un vin du Midi savoureux, alcoolique et coloré, par un petit vin du Centre clair et aigrelet; le tout allongé d'eau. Mais il se peut que le vin *n'en soit pas :* simple décoction tinctoriale alors, additionnée d'un vénéneux alcool.

L'anankè de l'alcool! c'est le plus redoutable.

Éthylique, méthylique, amylique, voilà le secret en trois mots, aurait dit Figaro. Et encore c'est un de trop. Croire que l'alcool sera éthylique, sera ce bon et loyal alcool de vin qui jadis donnait l'ivresse bénigne, c'est chimère. Restent les alcools de betterave, de pommes de terre, de grains, de bâtons de chaises, de tout : — les funestes alcools méthylique et amylique, produits chimiques livrés au genre humain aggravés d'éléments mal connus mais sûrement nocifs, et aromatisés, mis au point et au goût, par des bouquets et des essences qui sont d'effroyables toxiques !

Donc, nos ouvriers à blouse bleue ou blanche, à quatre

heures, vont prendre leur verre d'anankè : absinthe ou
vin. Suivant leur goût personnel, ils stationnent dans
un bar à deux sous du dernier modèle, ou s'attablent chez
un mastroquet du vieux-jeu.

Car en fait de mastroquet comme en toute autre chose,
il y a le vieux-jeu et le nouveau-jeu, les anciens et les
nouveaux modèles, le passé et le présent, la prétendue
routine et le soi-disant progrès!

*
* *

Le mastroquet vieux-jeu se trouve dans les rues
étroites et populeuses, signalé par sa devanture classique-
ment peinte d'une couleur sang-de-bœuf qui envahit les
portions de mur avoisinantes. Il est exigu et sombre. Le
jour pénètre à peine dans cet antique temple de Bacchus-
lie-de-vin, qui semble une annexe de la cave. Dès quatre
heures on allume un unique et médiocre bec de gaz. A
cette lueur on distingue le comptoir défraîchi et usé et
quelques tables de bois tachées : — autels où coulent
répétées les libations modernes.

En dépit des méfaits de la chimie, l'homme du peuple
a gardé au vin, au petit bleu, au gros bleu, un culte ata-
vique. Son cœur bat d'aise quand il l'entend poétiser en
valse chantée : *Ah p'tit bleu, p'tit bleu, p'tit bleu, eu!*

Il doit choisir entre le vin du broc, plus démocratique, et le vin de la bouteille, dit supérieur. Car la première question du mastroquet vieux-jeu est : « Du broc ou de la bouteille? » Du broc, dont on verse le contenu dans des verres sur le comptoir, c'est trois sous, trois *ronds* le verre, le *cintième*, quatre le demi-setier (quart de litre), huit la chopine. De la bouteille, trois sous le verre (plus petit que celui du broc), dix la chopine, vingt le litre.

Assis sur les escabeaux, ou debout au comptoir, l'homme du peuple, avant de boire, choque le verre, avec cette éternelle formule : — A la tienne!

L'ouvrier adore le mastroquet vieux-jeu : les jours de repos, il y mène sa famille : sa dame et sa demoiselle et ses gosses, au risque de provoquer chez ces derniers, par l'acidité du *piccolo,* les conséquences d'un brusque arrêt de digestion. Et tout ce petit monde, fatigué d'une partie de plaisir en plein air, soufflant un peu devant les bouteilles, ayant bientôt la lèvre supérieure cerclée de bleu, se sent aussi joyeux, — peut-être plus, — d'être chez le marchand de vin que les gens de la haute d'aller à l'Opéra!

Dans ce réduit minuscule, où flotte un relent de moisissure, le buveur d'habitude surtout se trouve bien : cela lui semble un refuge contre la vie tournoyante où il n'est pas heureux; l'obscurité lui plaît, le calme; il ressemble à un fumeur d'opium qui fuirait le jour. C'est son

opium à lui que ce vin bleu ou cette absinthe innommable sentant le vert-de-gris; il s'intoxique doucement : son cerveau lassé bout comme une vieille bouilloire sur un maigre feu de veilleuse.

Quand ses humectations variées ont mis sa poche à sec, il s'en va, rasant les murs, dans l'obscurité des ruelles les plus désertes.

*
 * *

L'ouvrier va également à la musette, que les *charbouniats* ne sont pas seuls à fréquenter, et où le trépignement de la bourrée que rythme cette espèce de biniou auvergnat appelé *musette,* et aussi les quadrilles soulevant des poussières âpres, excitent une soif honnête et profonde.

Mais les musettes deviennent d'ailleurs moins nombreuses depuis que le maudit souteneur s'est avisé d'y pénétrer pour exercer son industrie. Elles tournent au bastringue, et nous y retrouvons le culte populaire pour le vin, sous les espèces du classique saladier de vin chaud, lequel, présentement, tend à disparaître, remplacé par le vin froid au litre ou au verre : le gros vin qui fait couler tant bien que mal les châtaignes grillées et le gâteau de millet, et auquel les « dames » substituent parfois un verre de grenadine ou une menthe à l'eau.

*
* *

Pour le mastroquet vieux-jeu, il persistera probablement longtemps, malgré les envahissantes idées de luxe en toc qui sévissent sur ce débitant bien parisien.

Parmi les vieux mastroquets, il en fut de retentissants. Exemple : la fameuse *Académie* que connurent, rue Saint-Jacques, des générations d'étudiants pauvres couverts de chapeaux mous, et de maigres pions coiffés de hauts-de-forme roussis, vêtus de redingotes éteintes.

Le nom d'Académie fut octroyé à ce mastroquet parce que, en guise d'ornementation murale, quarante tonneaux se prélassaient autour de la pièce. Quarante tonneaux, quarante liqueurs. Parmi elles, deux bien passées de mode, et qu'on ne rencontre plus que dans les cabarets de campagne : le vespétro et l'élixir d'amour. Une eau-de-vie baptisée « de Dantzick » y faisait aussi scintiller dans les verres ses paillettes d'or.

On a vu là des poètes, ayant descendu degré à degré les échelons de la bohème, essayer de ressusciter pour un instant la verve première, la verve des sonnets ou des chansons, à l'aide de mixtures invraisemblables. On y a bu un mélange de vin blanc, de curaçao, d'absinthe et de kirsch. Mais le grand triomphe pour certains était de se munir d'un très grand verre, et d'aller recueillir quelques gouttes au robinet de cinq, six tonneaux pris au hasard, et d'avaler ce breuvage composite. D'autres, plus solides encore, laissaient tomber dans leur urne les liqueurs des quarante tonneaux. Cela, n'ayant plus de nom dans aucune langue s'est appelé d'abord, (lecteur, ferme à demi tes oreilles et retiens ta nausée,) un *dégueulé de pompier* mais, comme le nom de *pompier* fut plus tard attribué au mélange de vermouth et de cassis, on donna le titre définitif de *fédéré* à cet amalgame insolite, que d'intrépides estomacs absorbaient sans nulle souffrance apparente, mais où se trouvait en puissance quelque futur cabanon à Sainte-Anne où à Charenton.

*
* *

Parmi les boissons féroces, à côté des cidres innocents, des poirés mousseux, et de la timide eau de Seltz que l'on jette bruyamment dans une grenadine au kirsch ou dans un guignolet (liqueur de cerise) ; à côté du punch Grassot qui ragaillardit les frileux avant de leur poisser l'estomac, et du grog américain réservé aux richards, signalons ce perfide et affreux mélange d'absinthe et de café, appelé d'un nom effroyable : le *tremblement de terre.*

Après cela, il n'y a plus rien.

* *

Si! Il y a l'ivrogne triste qui, une nuit, au moment de l'extinction du gaz, demanda d'une voix rogommée un kirsch qu'il avala d'un trait. Quand il fut parti, le patron vit avec effroi que le garçon venait d'offrir à ce client un petit verre de pétrole. Ce fut une nuit d'angoisse. S'il allait en crever! Le lendemain, à la même heure, réapparition du pochard, qui redemande un kirsch. On lui sert du meilleur, du kirsch-patron, pour lui faire oublier la mésaventure de la veille. Il boit gravement, fait une demi-grimace et, à l'ahurissement du mastroquet, sort en proclamant : « On ne peut pas être bien servi deux jours de suite! »

Invraisemblable? Non. Tels sont les estomacs tannés de certains buveurs, véritables estomacs-alambics.

*
* *

Et la preuve : voici le buveur d'éther, cherchant à dose légère l'ébriété gaie, loquace, et trouvant, à dose augmentée, les attaques de convulsions épileptiformes, en attendant que vienne, au dire des aliénistes, la folie ou la mort subite. La dose ordinaire varie entre cinq et dix grammes, mais on en prend ordinairement de trois à six doses par jour. Les uns boivent l'éther entre deux gorgées d'eau; les autres l'absorbent pur, se bornant à se boucher le nez en avalant; certains consomment jusqu'à un demi-litre d'éther; et d'autres enfin préfèrent un mélange d'éther et d'eau-de-vie.

Nos Parisiens devront à l'Irlande ce nouveau mode très dangereux de consommation. L'origine de cette coutume est assez curieuse. A la suite d'une campagne entreprise, en 1842, par le Révérend Père Mathews, à Draperstown, contre l'abus du wisky, les habitants répudièrent leur boisson favorite, mais la remplacèrent par une liqueur de même couleur et de même nature, l'éther. Peu à peu, cet usage fou se répandit dans toute l'Irlande, surtout dans les classes pauvres et parmi les catholiques.

A Paris, chez les horizontales distinguées et raffinées, on mangea, durant l'été de 1892, des fraises à l'éther.

*
* *

Nous parlions tout à l'heure d'académie, à l'occasion de celle des Quarante Tonneaux. Pour déblayer d'un trait la matière académique, arrêtons-nous rue Bonaparte,

non pas à l'école des Beaux-Arts, mais la porte en face.
Là, dans cette « Maison de vins » (mastroquet d'ordre
supérieur), se firent les fameuses réceptions du *nouveau*.
Le nouveau doit régaler l'ancien. Que ce soit un nouveau
peintre, un nouveau sculpteur ou un nouvel architecte,
il faut qu'il *y aille* de sa tournée. C'est joie pour le
bistro de voir l'apparition du nouveau, surtout s'il est
architecte ; car, si, comme l'étudiant en médecine, le
peintre est rarement riche, et le sculpteur, le « boueux »,
encore moins, le futur architecte, comme l'étudiant en
droit, est souvent très calé. Au lieu de feutres mous et
de bérets étranges, c'est le chef orné du haut-de-forme,
le torse enveloppé de la blouse symbolique, et le T en
main, que la « bâtisse » vient boire. Et pour le patron de
céans, quand la bâtisse vient, tout va.

*
* *

Le mastroquet nouveau-jeu s'appelle Dégustation.

Pendant que les grands cafés dorés du boulevard, les
cafés solennels à table de marbre blanc, faisaient place
aux brasseries sombres décorées de panneaux bruns, de
tables de bois brun, les marchands de vin du vieux-jeu,
les marchands de vin peints en rouge, s'égayaient peu à
peu de couleurs claires ; le comptoir large prenait une

teinte argentée, et s'enjolivait de détails ornementaux. Une seconde salle y était annexée, où des tables de marbre et des banquettes de velours (ô défroque des anciens cafés blancs réchampis d'or!) invitaient certains consommateurs à d'interminables parties de piquet, et d'autres à la lecture des journaux à un sou; que dis-je? même on vit là le *Figaro* ou le *Gil Blas*.

Mais le vrai buveur qui ne veut ni lire ni jouer va aux « dégustations » qui, n'ayant que des frais de personnel et d'exploitation relativement restreints, peuvent donner à bas prix de tout, de tout, de tout.

Et voici que l'ancienne *turne*, le bistro équivoque qui mettait sur sa devanture rouge-bourreau une grille pareille à un masque de fer, voici que le *mastroq* s'éclaire brillamment, s'assimile tous les progrès électriques, les gaz verdâtres, les lampes bleues, les hautes glaces, les dorures, toute une ferronnerie en zinc, et s'élève de la sordide condition de « chandevin » à l'importance d'un « établissement », corsant à l'infini son programme de consommation.

Lisez cette liste, prise sur le boulevard à la devanture d'une dégustation éclairée à la lumière électrique, ornée de glaces, avec un comptoir circulaire de marbre, des panneaux rehaussés d'ornements de cuivre, et dallée de petites pierres noires et blanches en losange. Au dehors, en tentation permanente pour les amateurs de liqueurs, un marbre noir porte en lettres dorées ce programme alléchant :

A L'HABITUDE

CAFÉ GUADELOUPE A BASE DE MOKA

La Tasse, 10 cent.; avec petit Verre, 20 cent.

	Cent.		Cent.
Genièvre de Wambrechies . .	10	Brou de noix	20
Quetsch d'Alsace	15	Cassis de Dijon . . .	20
Arquebuse de Lyon	15	Liqueurs Cusenier	20
Vermouth de Noilly-Prat (qua-		Kirsch de Fougerolles . . .	20
lité parisienne)	15	Crème de Prunelle Mattet . .	25
Le même (exportation) . . .	20	Gentiane Suisse	25
Absinthe suisse	15	Wisky et Gin	25
Absinthe Pernod	20	Sherry-brandy	25
Eau-de-vie du Calvados . .	20	Crème de Cacao (Vve Amphoux) .	25
Raspail du Docteur . . .	20	Raki de Chio	25
Anisette Marie Brizard . .	20	Maraschino de Zara . . .	25
Cognac Martell *** . . .	20	Chartreuse jaune	25
Eau-de-Vie de Dantzick . .	20	— verte	30
Schiedam de Hollande . . .	20	Fine Champagne normande .	25
Rhum Saint-James . . .	20	Kirsch de Fougerolles extra .	30
Marc de Bourgogne	20	Curaçao de Winand-Fockink .	30
Pippermint (Get frères) . . .	20	Rhum ananas Jamaïca . . .	30
Kummel Echau 00	20	Cognac Hennessy ***	30
China-China	20	Kirsch de la Forêt-Noire . .	35
Bitter (Morice du Havre) . .	20	Cognac Martell (V.V.S.O.P.)	75
Bitter Sécrestat	20	Cognac d'Hennessy extra . . .	80
Ratafia de cerises	20	Bénédictine Abbaye de Fécamp .	30

Est-ce tout? Non. La plaque de marbre noir, prenant du haut en bas la devanture, a touché le trottoir qui arrivant immédiatement après la Bénédictine, figure un vaillant et terrible *et cætera*, faute de place.

Et cela se voit bien puisque d'autres noms ont envahi les vitres voisines sous forme de lettres dorées : *Punch chaud* 15 *c. le verre*, ou encore : *Thé*, 20 *c.* (bonne affaire ce thé après tant d'alcools), ou : *Bock*, 20 *c.* Il y a même une affiche jaune collée à une vitre et portant ce laconique avis pour lymphatiques : *O Porto tonique, le verre,* 20 *c.*

Les bons buveurs ont ainsi un choix vraiment assorti.

*
* *

D'autres dégustations, véritables bars populaires, s'en tiennent au prix unique de dix centimes et n'essaient point de familiarités avec Hennessy, Martell ou Focking. On les trouve dans les faubourgs, aux Halles, aux boulevards extérieurs : la lumière y est prodiguée, les grandes cafetières de cuivre y reluisent.

Comme les autres dégustations, les bars à deux sous ont tous ce caractère qu'on y boit debout devant un comptoir de marbre blanc, ou de métal luisant.

Sur la porte, dans une petite plaque de verre, cette inscription dont l'effet doit être magique, car elle n'est jamais oubliée : *Ici on lit les Petites Affiches!*

Cueilli cette enseigne rue Montmartre, à la porte d'un

bar : Aux dix centimes gratuits!! *Toute consommation donne droit à un numéro de tombola!*

*
*   *

Dans le quartier dont la place de la République est l'immense carrefour, dans ces artères confluentes où roule un torrent de peuple, la dégustation pullule. De tous grades : partant du débit exigu, misérable et louche, franchissant tous les degrés de la hiérarchie mannezingue, et s'élevant parfois à des proportions quasi grandioses. Alors elle arbore le titre supérieur, imposant, vaguement prestigieux, de Distillation. Ruisselante de clarté quand vient l'heure où le gaz et l'électricité s'allument, et d'un éclat qui fait amèrement ressortir la terne tenue du consommateur, la Distillation illumine un décor de circonstance artistement monté : cafetières géantes de cuivre polies comme des armures, alignements de tonneaux de fort calibre frettés comme des canons, cruchons de liqueurs empilés comme des obus, panoplies de verres, trophées de bouteilles couchées aux mille goulots braqués comme une formidable mitrailleuse. On dirait le Musée d'Artillerie. Et, de fait, c'en est un : ces engins sont bien réellement chargés de produits meurtriers; une main de maître en a décrit les ravages. C'est l'Assommoir.

*
* *

Il y a aussi, dans un autre genre, les dégustations de champagne. Dans un décor blanc, grave, orné de glaces auxquelles s'appliquent des supports de cristal chargés de flûtes et de coupes, ce qui donne un aspect froid sous la lumière bleue des globes électriques, le comptoir de marbre blanc, la caisse plutôt, a un aspect d'autel, et les petites tables avec leurs minuscules tabourets ressemblent à des prie-Dieu. Là viennent les sectateurs du Royal-Champagne.

A l'étalage miroitent de grandes et petites bouteilles casquées d'or ou d'argent. Sur un vaste cartouche blanc cerclé de cuivre on lit, au-dessous des armes de la ville de Reims : *Carte d'or,* 50 *c. la flûte* ; *Carte blanche,* 75 *c.* ; *Cuvée de réserve,* 1 *fr.* Cette devanture tient un côté de la boutique ; de l'autre s'étale une immense glace où se peuvent mirer les alouettes parisiennes en passant, les petites femmes, plus capiteuses que tous les champagnes.

Mais une « dégustation de champagne » n'est qu'un établissement d'exception, parasite, nullement entré dans les mœurs, non parisien : simple curiosité, dernier soupir du Palais de l'Alimentation de l'Exposition de 1889.

*
* *

Pour voir le champagne couler à flots, c'est aux courses qu'il faut aller, en choisissant une des grandes réu-
nions de juin.

On consomme alors :

Ou bien démocratiquement, confondu dans la foule
altérée qui s'écrase devant les buffets, jouant des coudes
pour obtenir au prix d'efforts surhumains, dans la bagarre,
un verre d'une tisane de seconde marque moyennant un
franc. Heureux si ce verre n'est pas un simple demi-verre,
l'autre moitié consistant en mousse ! Deux fois heureux si,
lorsqu'on vous le fait passer par-dessus les têtes pressées
des premiers occupants, une secousse n'en renverse pas
encore une partie!! Trois fois heureux si le verre a eu
le temps d'être rincé et ne vous expose pas à quelque
menaçante promiscuité buccale!!!

Ou bien aristocratiquement, en lunchant sur un mail-
coach, en compagnie des sportsmen raffinés et d'élégantes
sportswomen.

Les mails représentent bien ici d'aristocratiques don-
jons émergeant de la plaine où bat le flot démocratique.
Flot limoneux, cette tourbe de rouleurs de courses :
parieurs, bookmakers, bonneteurs, pick-pockets, passant

Pierre VIDAL

tous les jours de leur vie à se voiturer non seulement de Lonchamps à Auteuil et de Vincennes à Chantilly, mais encore de suburbains en suburbains !

Combien changé, le public des courses, dans ces dernière années !

Qu'elle est loin, cette foule naïve se grisant de la victoire de *Gladiateur*; ne connaissant qu'une course, le Grand-Prix; n'ayant qu'un désir, le triomphe d'une écurie française ! Aujourd'hui, celui qui demanderait avec intérêt « si le français a gagné » passerait pour un niais. Car aujourd'hui on ne parie ni pour le français ni pour l'anglais : on parie pour le favori, pour celui qui a les chances. Et si le favori est anglais, tout l'argent français est sur lui. Et s'il perd, battu par un cheval français, tous les français font ce qu'on appelle « un nez », — l'œil morne et la tête baissée ! — et la foule, alors, si elle en avait la faculté, déchirerait le cheval français en pièces !

Hier public de spectateurs. Aujourd'hui public de joueurs. Le champ de courses : résurrection, considérablement agrandie, et répugnante, des maisons de jeu. Deux cent vingt-cinq jours de courses par an, chiffre fixé par le ministre ! Le fameux 113 mis à la portée des classes laborieuses !

Voilà pourquoi d'aucuns éprouvent le besoin de s'aristocratiser, de s'isoler, et pourquoi, à une heure, les mails-coachs, au nombre d'une quinzaine, mobilisés pour la circonstance et ayant effectué leur concentration place de la Concorde, ont organisé vers le champ de courses une montée triomphale, avec, pour cochers, des gentilshommes capables de descendre à quatre chevaux la rampe de Monaco; ou sinon, quelques Américains de haute marque. C'est si charmant de se jucher sur l'impériale, d'y arborer des toilettes claires, bien en vue, de planer, et, comme disait Dupuis dans *Les Sonnettes*, de regarder dans les fiacres! C'est si drôle de reléguer dans l'intérieur les domestiques, qui tout à l'heure seront si précieux pour déballer et servir le lunch et faire sauter les bouchons de champagne. Le comble est de posséder un *coach-guard* qui, armé d'une trompette droite, se lève toutes les minutes et pousse un appel acide et retentissant.

Joie! Filer sur Longchamps dans un tintamarre de vieille ferraille! Se rappeler la chaise de poste des aïeux si l'on descend des croisades par la main droite, si l'on est la duchesse de la Tour-d'en-Face; s'imaginer la diligence, si l'on n'est, de la main gauche, que quelque Blanche du Cordon de Bougival!

Allons, coach-guard, voici l'Arc-de-Triomphe : que ton tube venu d'Albion crache aussitôt d'invraisemblables notes et fasse taire, ô ma patrie! les trompes françaises des tramways! Mais, pour si délié de langue que tu sois, tu ne pourras lutter avec le trompetteur-juré des mails-coachs payants qui font le service entre la place de l'Opéra et Versailles ou Poissy. « — C'est un professionnel, » diras-tu avec mépris, « et qui semble un singe savant, avec sa redingote rouge et son chapeau à poil blanc évasé comme celui d'un beau Nicolas de village! » — Oui, oui, professionnel; mais aussi quelle embouchure!

Musique à part, le spectacle est admirable et « chic ».

Les gentlemen-cochers montrent force et grâce pour guider les attelages dans l'avenue encombrée. Les dames et demoiselles sont jolies de ton sous le ciel chaud : leur teint avivé resplendit, car les ombrelles éclatantes tamisent sur leur visage une lumière colorée. C'est un tableau vivant, une aquarelle d'Eugène Lami ou d'Edmond Morin.

Et dans les voitures, graves comme les diplomates, toujours, les domestiques gardent imperturbablement ce lunch qui tout à l'heure sera si gaiement absorbé : le pâté, les pains au foie gras, les petits fours et surtout le champagne.

Le champagne vieux-jeu, pour les dames, le doux champagne, sucré, français. Et pour les hommes le champagne nouveau-jeu, naguère inconnu; le *dry, extra-dry,* le champagne sec, raide comme un clergyman, le dur champagne anglaisé (*spécial monopole*) : pour tout dire d'un mot, le TCHIMPEIGN!

*
* *   .

Antithèse. — Pendant que, à cette heure de chaleur
étouffante, le *high life* et même le demi et le quart de
high se champagnisent; pendant que le public douteux
de suiveurs de courses, de clients de suburbains, de
bonneteurs et de filous se soutient de consommations
toniques, l'homme du peuple s'arrête à quelque angle de
trottoir et boit à un gobelet de fer rivé à un petit édicule : sur une base élevée, quatre cariatides supportent
un petit dôme imbriqué, duquel s'échappe un filet d'un
liquide extrêmement précieux. Qu'y a-t-il? Sommes-nous
dans un premier acte de la *Juive* permanent? Des fontaines de vin coulent-elles définitivement sur nos places?

*Buvons, amis, fussent-ils mille, à tous les membres, nos
édiles!* Point vous n'y êtes : c'est une liqueur cent fois
plus rare, et qu'un Sigismond généreux nommé Wallace
offre au peuple parisien. C'est de l'eau.

— L'eau rare, après Haussmann et Belgrand? Vous
raillez! Vous êtes encore de ces esprits peu débrouillés
dont on lit familièrement qu'ils ne trouveraient pas de
l'eau dans la mer...

— Dame! si c'était pour boire!... Et dans la rivière
pas davantage, cette Seine déjà disqualifiée au dernier

siècle, et dont céans les poissons ne veulent plus. Eh bien! oui rare et rarissime. Et la question de l'eau se résume dans ce paradoxe apparent :

Quand Paris n'avait pas d'eau, Paris avait de l'eau. Depuis que Paris a de l'eau, Paris n'a plus d'eau.

Quand Paris se trouvait réduit à la portion congrue, à la *voie* du porteur d'eau, à la classique fontaine des cuisines, Paris avait toujours de l'eau, parce qu'il la ménageait.

Quand on a décuplé la ration de l'eau, le Parisien, malin, a centuplé ses besoins. Après la parcimonie du lavabo, la prodigalité du *tub*. Après l'économie de certain rinçage au broc, la profusion torrentielle du tout à l'égout.

Et l'arrosage admirable des voies publiques, qui ne cesse même pas les jours de pluie, et ne fait défaut, tout au plus, que les jours de canicule et d'extrême poussière, quand on en aurait le plus absolu besoin!

Ah! mais, voilà! les ménagères ont *calé le robinet.*

Le calage du robinet est une manigance machiavélique qui, empêchant ledit robinet de se refermer, laisse couler l'eau jour et nuit. Le jour, on emploie ainsi plusieurs mètres cubes d'eau dans l'unique but de refroidir une carafe. La nuit, l'eau coule à cette seule fin que le lendemain matin on ne la trouve pas échauffée dans les tuyaux! Et puis le bruit de l'eau qui coule est rafraîchissant! Jets d'eau poétiques, ô cascades!

Et c'est pourquoi l'Administration se voit obligée d'annoncer, juste au plus fort de la chaleur, qu'elle ne peut point fournir la quantité suffisante, et de nous recommander l'économie. Cette annonce, qui provoque un tonnerre de malédictions, (mettons : de gouailleries), — comme il arriverait pour une compagnie d'éclairage renonçant à éclairer en décembre parce que les nuits sont trop longues, — possède cependant une vertu magique : elle fait pleuvoir. Elle précède en effet de peu la fin des chaleurs, et l'Administration manque ainsi toujours une belle occasion d'attendre et de se taire.

Mais le calage du robinet est près d'avoir vécu. Ménagères, gare au compteur !

Donc, Wallace est venu, qui ne pouvant offrir au siècle du Progrès un vin non pas rare (il est toujours facile de fabriquer du vin ; il est très difficile de faire une eau pure) mais suspect, a offert cette eau que boivent les truands altérés, et les braves hommes de peine, et les travailleurs et les ouvrières, et les enfants au sortir des écoles, et les traîneurs de carriole, les marchands des quatre saisons égosillés, et les poètes pannés (en portant mentalement la santé de Villon). Parfois peut-être un escarpe, après un mauvais coup, a lavé ses mains sous l'œil sans prunelle des ondines !

Et l' « eau à tous les étages » ayant acquis la pire réputation, la sage ménagère envoie sa bonne ou sa

Pierre VIDAL

fillette faire une provision d'eau, présumée sûre, à la fontaine bienfaisante.

Oui, on sait partout que les jours où l'eau se fait rare, l'Administration pratique, sans sourciller, l'assassinat, l'empoisonnement avec préméditation. Cette Brinvilliers *anastomose* la canalisation et substitue l'eau de Seine à l'eau de source. Elle se croit quitte parce qu'elle prévient (parfois !) : *Colardeau, méfie-toi, je vais te porter un coup !* Quelques jours après, le quartier est infecté de fièvre typhoïde. Mais le comble est ceci; au bout des fameux vingt jours, tous les tempéraments déprimés, tous les « terrains préparés », en un mot tout ce qui dans ce quartier était marqué pour être la proie de la typhoïde, l'a été. Le poison y est désormais inoffensif, faute de sujets. A ce moment, l'Administration lui rend l'eau de source et dirige l'eau de Seine et la fièvre typhoïde sur un autre quartier !...

C'est à donner le frisson. Je me sens mal à l'aise. Vite, un peu d'eau fraîche; d'eau Wallace, bien entendu !

Ici, la Science intervient. Malheureux, qu'allez-vous faire? et que pensez-vous boire? L'ananké de l'eau — même Wallace — va planer sur vous. Et l'ananké de l'eau, c'est le total de tous les anankès connus. C'est le microbe ! Le microbe de toutes les maladies. Les *micrococcus* (la Science, par simple euphonie, nous a fait grâce des *macrococcus*, microbes pour boulevards extérieurs), le *streptococcus,* le *pneumococcus,* tous les *coccus,* et les bons bacilles en virgule, en accents, en bâtonnets, le microbe de la pneumonie, de la phtisie, de la diphtérie, et de la scarlatine, et de la rougeole, de la variole, de l'érysipèle, du tétanos, des abcès, de l'influenza, du choléra, du tœnia, ou même du mal de dents (ne riez pas, il existe!).

Pour éviter tant de maux, un seul remède, le filtrage; mais un filtrage sérieux, une « pastorisation ».

Et c'est ainsi que Paris tomba du filtrage dans la stérilisation, et de la « bougie » dans l'eau bouillie, et de l'antisepsie dans l'asepsie. Et l'on vient d'avoir, dernier progrès, certaines fontaines Wallace filtrées.

Ce ne fut point encore suffisant. L'usage des filtres Pasteur (Chamberland), devenu général, ne rassura pas complètement. La méfiance envers l'eau, la terreur du microbe pathogène, le manque de foi dans le bon microbe, celui qui doit dévorer, dit-on, le mauvais par « phagocytose » (le microbe qui consomme, quoi!) jeta la portion fortunée du genre humain dans l'usage exclusif des eaux minérales, poussé à un point caractéristique du temps actuel. On prit comme boisson courante toutes ces eaux qui se disent *toniques et reconstituantes* et se recommandent elles-mêmes *contre la gastralgie, la chlorose, l'anémie, la constipation, les engorgements des organes abdominaux, le diabète, l'albuminurie, la dysenterie, les calculs biliaires, la gravelle, le catarrhe bronchique et vésical, la scrofule, le rhumatisme, la goutte, et tous les cas où l'organisme a besoin d'être refait* (oh! oui, *refait*). Nouveau Gribouille, pour ne pas se mouiller l'estomac d'une eau soupçonnée dangereuse, on se le dilate (la dilatation de l'estomac, voilà qui est moderne!) avec un flot d'eaux gazeuses. En avant, Seltz, Saint-Galmier, Chantilly, Apollinaris, Marcols, Vals et Vichy, mères des dyspepsies!

Les gens sages, et très fortement calés, boivent de l'eau d'Évian. Treize sous la bouteille! Et, dans cette eau, il n'y a rien! C'est d'ailleurs son mérite. Mais pour de l'eau sans rien, le litre à treize, c'est roide! Et quelle tentation pour le contrefacteur! On dira que nous sommes méfiant. Mais, à quoi croire, depuis que Fenayrou a fait consommer à ses clients du faux Hunyadi-Janos?

Espérons plutôt dans « l'adduction » de l'Avre!

*
 * *

Le besoin est pressant et veut être satisfait sans attendre. Vous sautez dans une voiture et vous vous faites conduire sur la montagne Sainte-Geneviève ou bien aux environs de la gare d'Orléans, dans une rue abandonnée qu'arpentent quelques rares femmes à l'aspect malheureux, prenant l'air sur le trottoir : elles s'arrêtent pour vous considérer d'un œil envieux et plein d'espoir. Vous

stoppez devant un établissement de mince apparence,
franchissez un étroit couloir; une bonne, avenante vous
introduit dans un salon ou pauvrement meublé, ou sur-
chargé d'un clinquant du pire goût. Nota : il peut y avoir
un piano, des bouquets de fleurs artificielles et des por-
traits de famille. La maîtresse de céans arrive, aimable
et empressée : « Que désirez-vous? Des filles ou des
femmes? Des femmes, fort bien. Faites venir ces dames
au salon. Allons, Mesdames, on vous attend, pressez-
vous un peu, entrez, rangez-vous. Voilà ce que je puis
vous offrir de mieux pour l'instant. Il y en a bien encore
une qui m'arrive à l'instant, une affaire exceptionnelle,
mais elle vient précisément de partir pour la Préfecture.
Je pourrai vous la présenter dans une heure... En
attendant, faites toujours un choix. Lesquelles? Celle-ci
et celle-ci? Très bien. Les autres, Mesdames, vous pouvez
vous retirer. Voyons, vivement! Vous deux, restez.
Allons, montrez vos seins... »

En quel lieu nous sommes ici? Les célibataires seraient
évidemment fort embarrassés de le dire; les hommes
mariés, moins; pour les mères de famille, elles le
reconnaîtront sans hésiter en criant tout d'une voix :

— Nous sommes dans un bureau de nourrices.

Et en effet, bébé vient de naître, et (tant il est vrai
que la consommation est d'institution divine) dès ce soir
il exigera ce qui lui est dû.

Donc la patronne du bureau, joignant à la parole l'action, s'est mise à traire immédiatement ses nourrices, et leur pinçant le sein suivant la formule, en a fait jaillir à deux mètres une quintuple rosée de lait. Ce maquignonnage énergique, qui exprimerait du lait d'un roc, réussit presque toujours, surtout aux yeux des maris novices des femmes « primipares ». Et peu après, tandis que l'enfant de la paysanne, sous la conduite d'une meneuse, s'en retournera dans quelque Nièvre, ou quelque Finistère, pour y consommer, le malheureux, un biberon mal entretenu ou une pâtée prématurée qui l'assassinera, la nourrice entre en place.

Et au bout de quelques jours, lavée, baignée, nippée, nous la trouverons, la belle vache laitière, assise comme une reine, ayant posé sur ses genoux le poupon emmitouflé dans une longue robe blanche, nous la trouverons assise aux Tuileries, montrant, avec une impudeur privilégiée, les rondeurs blanches (ou noiraudes) qui allument les regards des tourlourous errant sous les arbres. Elles sont là, à cette même place où, il y a cinquante ans les voyait Amédée Achard lorsqu'il écrivait la physiologie de la nourrice pour les *Français peints par eux-mêmes*.

Cette physiologie n'est pas à refaire, rien n'est changé dans l'allure de la nourrice, et dans les tyranniques droits que, malgré la nuit du 4 août, elle exerce toujours. Mais quoi? c'est pour le lait de bébé!

Rien de changé, sauf quelques détails de l'uniforme des troupiers, et un détail dans l'uniforme des nourrices. A part de rares exceptions (chez les italiennes, les espagnoles, les alsaciennes au grand nœud de deuil et les bordelaises au coquet petit mouchoir) les nourrices abandonnent aujourd'hui la coiffure distinctive de leur pays, le haut bonnet des cauchoises ou bien la coiffe de dentelles des bourguignonnes, et préfèrent arborer indistinctement cet insigne de leurs fonctions, insigne dont elles sont si fières : les cinq mètres de ruban n° 100 (22 centimètres de large), de couleur voyante, qui retombe en deux bouts par-dessus la grande pèlerine, jusqu'aux talons, après avoir fait le tour du bonnet, bouillonné en couronne.

Oui, couronne! Ne sont-elles pas reines à la maison, ces despotes à qui tout est permis? Et reines au dehors, ces femmes qui ont à leurs pieds la troupe de ligne?

Les voilà en fonctions, exhibant l'amphore de vie; les doigts gourds, les menottes potelées des bébés, la saisissent; leurs lèvres se collent goulues, ils boivent à la régalade, avec de petits grognements d'ivresse. Tous ont le même geste, la même allure gourmande, et quand leur faim est apaisée, leurs yeux se closent du même sommeil repu. Le sein rentre au corsage, et le bavardage peut reprendre. Bébé a consommé.

Pierre VIDAL

Consommé? dira-t-on, c'est aller loin. Il a simplement mangé et bu. — Pardon! cela dépend. Bébé s'est nourri, si, bien réglé, il ne reçoit que le nécessaire; si, comme le veulent les maîtres spéciaux, le professeur Tarnier ou le professeur Pinard, les parents sont assez autoritaires, énergiques, et sensés, pour *régulariser les tétées* (régulariser les tétées, Madame! tout est là!).

Mais si le nouveau-né ne représente encore, suivant une spirituelle définition médicale, « qu'un tube digestif autour duquel des organes sont en voie de formation », ce tube n'en est pas moins homme et, comme tel, gourmand déjà, consommateur, et, qu'on nous passe le mot, extraordinairement roublard. S'il sent qu'on lui rend la main, c'est-à-dire, le sein, il aura vite fait de pousser au superflu, à l'inutile, à la délectation : il *tétaillera* à tout propos, pour le plaisir. Il consommera.

Le bébé et la nourrice sont un sujet éternel. Mais ce qui est de notre temps, c'est une certaine lassitude de la tyrannie des nourrices, la crainte de l'inconnu de leur lait, qui est en somme un redoutable X dans la destinée de l'enfant. C'est une reprise dans l'allaitement maternel, en opposition avec les plaisanteries et lieux communs débités à ce propos aux alentours de 1840, et l'usage fréquent du biberon, avec toutes les précautions antiseptiques qu'exigent les connaissances avancées des familles en bactériologie.

Car il y est, dans le lait, et plus que partout ailleurs. Qui, *il?* Lui, parbleu! toujours lui. Qui voulez-vous que ce soit? Lui, le microbe. Il paraît qu'il y fourmille, par milliers au centimètre cube au bout d'une heure, par millions au bout de deux, par milliards au bout de trois. Le lait, cette consommation vénérable et sacrée, n'est plus alors qu'une colonie de bacilles, un véhicule de toutes les infections! Funeste, le liquide! Empoisonnants, le biberon et son bout!

Voici donc, dans un biberon rincé à l'eau de Vichy, le lait « moderne », le lait bouilli trois quarts d'heure en vase clos à fermeture automatique, également propre à prévenir toutes les maladies et à les guérir; pour tout résumer d'un mot : le lait *stérilisé.*

Stérilisé est le mot du jour. Tout est à la stérilisation. Excepté Brown-Séquard cependant, quand il vous injecte sa consommation, le plus beau des « lapins » qu'on ait jamais posés à l'homme, sous forme de cochon d'Inde.

On est arrivé à un tel degré de scepticisme en fait de consommations *sincères* à Paris que l'on se méfie même des œufs les plus frais, et que maints critiques audacieux prétendent qu'une fabrique de faux œufs frais existe à

Puteaux, et que (comble d'horreur!) on se sert pour leur fabrication de l'eau méphitique de la Seine.

Le lait, indépendamment de la question « microbe », n'échappe pas à ce reproche *bien parisien*. Il a la réputation d'être non pas seulement en eau, mais en plâtre, en chaux, en céruse, en cervelle pilée, en extrait de Saturne, enfin en toutes sortes de choses, excepté en lait vrai, pur, sortant du pis de la vache.

Pour s'épargner une telle obsession, et en dehors du cas où le lait d'ânesse est une consommation indiquée, c'est du lait de vache tout frais que souhaitent boire les bébés petits et grands, et leurs mères. On va le déguster à la vacherie du Pré-Catelan. Là, le lait crémeux est cueilli sur l'arbre, pourrait-on hasarder. C'est, pour le coup, la pure nature.

Il y a pourtant (pas au Pré-Catelan, hâtons-nous de le dire) telles vacheries dont le lait, si naturel soit-il, est inférieur au lait normand, ou breton; c'est celui des vacheries où les bêtes sont nourries de détritus d'usines, de tourteaux.

De même les œufs les plus sincères sont atroces si la poule a été nourrie de hannetons.

Consommer du hanneton, même à travers ce filtre qui s'appelle la poule pondeuse, est une chose redoutable et nauséabonde.

Voici donc les mères, les fillettes, et les nourrices

buvant le lait chaud et léger qu'on vient de traire sous leurs yeux. Mais où sont les fils?

A côté, sur le *vélodrome*. Dédaignant l'absorption du lait, ils ont loué et enfourché le bicycle, en consomment deux ou trois heures consécutives, et se préparent à grossir l'effectif inouï de nos vingt-cinq ou trente mille cyclistes.

Loin de nous le « potache » arriéré, fort en thème, mais malingre, qui ne connaît comme exercice de corps que la promenade rotatoire dans la cour, en consommant le pain de la récréation de quatre heures et le chocolat ou les dattes apportées au parloir par les parents. Place à l'élève moderne, qui se prépare au *Lendit*. Dans un collant jersey, bras et mollets nus, musclés en athlètes, juniors et seniors, grands coureurs, forts sauteurs, rudes canotiers, latinistes de deuxième ordre, cyclistes incomparables, qui demain dépasseront le dernier *record* connu et inscriront dans les fastes leurs noms glorieux à la suite des Cassignard, des Stéphane, des Corre, et des triomphants Terront!

Les vieux universitaires « la trouvent mauvaise ». Pas logiques, les vieux universitaires. Pourquoi ont-ils passé des siècles à juger merveilleux que les adolescents Hellènes fissent du pugilat tout nus devant les dames, et à trouver admirable que la Grèce se passionnât pour les *recordmen* des jeux olympiques?

Pierre Vidal

Quand vient le grand froid, le Pré-Catelan est délaissé; le lac fait prime, et sa glace se charge de cinquante mille patineurs ou simple glisseurs. Alors, au café de l'île, une seule consommation règne : le grog américain chaud.

*
* *

A partir de quatre heures, il y a cohue dans les « Grands Magasins ».

Au second étage, vers les parages où se trouvent les tapis, les vastes rideaux et les couvertures, dont la peluche voltige de-ci de-là, encombrant l'atmosphère et mettant au fond du larynx, du pharynx, de l'œsophage et des poumons une irritation qui provoque la soif, on trouve, dans une petite salle, juste à côté d'un certain endroit dénoncé par l'odeur du Thymol-Doré, le comptoir de marbre derrière lequel deux domestiques en habit débouchent des flacons, dont ils versent incessamment le contenu dans des verres, tout en murmurant ce Mané, Thécel, Pharès de la consommation usitée en ces lieux : « Groseille! Grenadine! Orgeat! »

Ce groseille-grenadine-orgeat, c'est le tricolore doux et sauveur vers lequel s'effarent des bobonnes et des bébés, des dames et des demoiselles que la férocité de la poussière force à recourir à ce douceâtre réconfort.

Que dis-je? La gratuité de cette consommation attire
des dilettante non acheteurs, la plupart du sexe faible,
bien qu'on y ait vu des hommes portant une serviette
sous le bras, et possédant toutes les espèces et appa-
rences de basochiens : clercs d'huissiers ou d'avoués;
étudiants pauvres, sortant de la Bibliothèque et heureux
de se désaltérer avec un liquide autre que l'eau des tor-
rents (rare à Paris, nous l'avons dit); et surtout maris
économes qui attendent là, en économisant dix sous de
bock, que leur femme ait consommé pour trois cents
francs d'achat dans divers rayons.

D'ailleurs, s'il s'agit d'attendre, le Grand Magasin
offre aux expectants une consommation intellectuelle. A
côté de la buvette se trouve un cabinet de lecture où
maints journaux sont offerts aux méditations des foules.

Un autre genre de sport est encore adjoint à ce lunch
groseille-grenadine-orgeat : on peut se faire peser. Les
petites filles n'y manquent point, s'étalant dans le fauteuil tandis qu'un domestique en livrée bleue fait rouler
le poids, et retire d'une rainure un ticket sur lequel
automatiquement, par kilos et fractions, se trouve gravé
et irréfragablement fixé le poids juste. Les dames un peu
mûres, astreintes à un régime contre l'épaississement,
se montrent aussi là; mais, désireuses d'éviter les
regards curieux, elles attendent un moment d'accalmie

COUVERTURE
COMPTOIR DE LITERI

Pierre VIDAL

qui leur permettra de recevoir sans rougir le chiffre de leur poids.

En revanche, on voit de petites femmelettes rieuses, par bandes de trois ou quatre, sans doute des ouvrières ou des étudiantes, ou des montmartraises en vacances, qui font un tour dans les Grands Magasins et qui viennent à plusieurs reprises boire la grenadine ou l'orgeat. Elles n'ont rien négligé, ni de lire des journaux illustrés, ni de se faire peser.

En voici trois qui passent, légèrement ébouriffées; l'une d'elles dit à celle qui a l'air de les conduire :

— Tu vas te faire repeser?

— Chiche! répond l'autre.

Chiche signifie en leur langue : Je parie, ou : Je tiens le pari.

Et la première d'ajouter, riant aux éclats :

— Alors paye-t'en un verre!

Sur une pancarte on lit : *A trois heures et demie on peut visiter les cuisines et les salles à manger.* Ces cuisines et ces salles à manger n'ont rien d'extraordinaire cependant, et ne justifient pas cette nouvelle manière de faire consommer par la simple vue.

Au bout d'un couloir un inspecteur arrête une dame un peu trop grosse de la gorge et des hanches, étant donné sa figure maigre. Elle a évidemment consommé quelque dentelle ou des bas de soie, sans payer.

Et l'on emmène la fausse grosse dame digérer (plus vite que ça) son surplus de coupons dans une salle qui est le contraire d'une salle de consommation : c'est un local de reddition. Heureuse encore, si, reconnaissant en elle une récidiviste de la kleptomanie, on ne la livre point à la police, ce qui l'amènerait alors à consommer quelques mois de prison.

N'oublions pas que, seuls, la groseille, la grenadine et l'orgeat se consomment « à l'œil » dans les grands bazars.

Et peut-être aussi la poussière, dans la chaleur torpide. Le cigare est proscrit : un pompier grave redouterait que ce mouvement de consommateurs divers ne pût se changer en une immense *consumation*.

*
* *

Cinq heures est l'heure du thé.

On a dit que le cercle avait tué les relations entre les deux sexes, devenus vite ennemis étant séparés. On a dit aussi que l'heure de l'absinthe boulevardière, ce grand marché d'affaires ou de plaisirs, qui a lieu de cinq à sept de la Madeleine à la Bastille, et du Panthéon à Montmartre avait tué les visites, les dames se trouvant entre elles, sans aucun homme pour les courtiser. On a dit cela et maintes autres choses, depuis des siècles, et, en fin de compte, les deux sexes s'entendent toujours.

Quoi qu'il en soit, d'ailleurs, les femmes n'ont pas abandonné la partie, loin de là, et, comme leur beauté, leur esprit et leur grâce ne suffisaient plus à attirer les courtisans, les beaux esprits, ou les brillants cavaliers, elles ont ajouté la nourriture substantielle et les vins généreux sous le prétexte d'un thé servi à cinq heures.

Et ce fut bien, dès l'abord, à l'imitation de l'Angleterre grande buveuse d'infusions de thé que l'on commença par servir dans les salons cette « collation », pour me servir d'un mot français déjà vieux, classique, suranné, hélas! comme bien d'autres vocables remplacés par les équivalents anglais.

Et ce thé-importation, ce thé de cinq heures qui se prononce *five o'clock tea*, fut bien un vrai thé servi sans sucre avec une tranche de citron ou d'orange, ce qui est le pur chic d'outre-Manche. On accompagnait le breuvage de gâteaux spéciaux arrivés de Londres : *princes, crumpets, muffins*, et aussi de *plumcake*.

Autour de ce *lunch* léger on attira les belles *flirteuses*, et les hommes à *flirt*, les penseurs psychologues, et les purs gommeux.

Mais bientôt cela parut peu substantiel, et soudain des *solidités* apparurent, telles que tartines de pain bis bien couvertes d'un fin beurre d'Isigny, bouchées de foie

gras, choux gros comme une noix avec intérieur garni
de crème; puis les pains étrangers, panettone et pasta
frolla, et aussi les petites timbales de macaroni (voici
poindre l'Italie en ce five o'clock anglican!); les timbales
de poulet ou de poisson (ô France! rassure-toi!). Ajoutez
les fondants, marrons glacés, marrons déguisés, pralines
grillées, noix déguisées, fruits confits, figues blanches,
figues violettes, poires, raisins, groseilles, pêches, abricots (ô ma belle et douce France!!). Mais voyez venir
encore les limons, bananes et ananas (soleil des Antilles!)
et nèfles du Japon (ô Pierre Loti!). Et pour les névrosés,
cérébrés, décadents et raffinés, voici des violettes prali-
nées, des feuilles de rose qu'on dirait givrées, auxquelles
il ne manquerait, comme accompagnement très esthétique
et préraphaélite, que ces vins anglais qui font rêver :
vins de groseille, vins de primevère, vins de cassis; ou
même ces vins allemands : vins de fleur de mai, ou de
reine-des-prés.

Mais au *five o'clock wine,* c'est la France, l'Espagne
et l'Italie qui reprennent le dessus; car voici les bordeaux,
les alicante, les xérès, les porto, les sherry, les madère,
peut-être du chianti ou de l'asti spumante rouge ou blanc,
ou du zucco d'altesse.

Si la russophilie a quelque effet sur le five o'clock,
sur le cinq heures, qu'on pourrait transformer alors en
five o' clock châale, nous verrons apparaître le kummel

Pierre VIDAL

double zéro, peut-être le koumiss, avec les liqueurs balka-
niques, le raki, le zwicka : on dévorera du caviar, du
sterlet froid et des anchois de Norvège, absorbés jusqu'à
ce que ces exotiques apéritifs si étonnants aient bien
définitivement éteint l'appétit.

Ainsi advint-il à un mien ami, chez des Polonais :
après avoir ingurgité toutes sortes de nourritures épicées
et bu du kummel, du raki et du zwicka avec frénésie,
il se sentait faible pour passer de ce salon si apéritif à
la salle à manger où on le conviait. Heureusement, il
aperçut le maître de la maison qui, tenant une grande
carafe d'une main, emplissait d'un liquide incolore un
verre qu'il tendait aux convives passant à sa portée.
Ceux-ci avalaient d'un trait ce verre en exprimant une
vive fraîcheur. « De l'eau! de l'eau! enfin de l'eau claire! »
pensait mon ami. Il s'avança, saisit le verre, le but d'un
trait. C'était du kirsch (ô Pologne!)

Le *five o'clock tea* le plus usité consiste très simplement, à l'atelier, ou entre amis, en un vermouth de Turin,
assaisonné d'une cigarette orientale.

* *
* *

De cinq heures à sept, c'est-à-dire de la sortie du
bureau au dîner, la consommation fait rage. Dire qu'alors

tout Paris consomme serait néanmoins une énorme calomnie, la grande majorité des Parisiens étant sobre et n'allant pas au café. Mais une minorité notable consomme, et elle suffit pour emplir les établissements de consommation de tous noms et de tous rangs, du Nord au Sud et de l'Est à l'Ouest, de Saint-Denis à Montrouge par les boulevards de Strasbourg, de Sébastopol et Saint-Michel, ou par les anciennes rues du vieux Paris, et mieux encore de Charenton à Suresnes, sur cette ligne immense que vous pouvez faire passer, à votre choix, par les quais, ou par Vincennes, le faubourg Saint-Antoine et la suite des boulevards, ou bien encore par le grand arc des boulevards extérieurs, ou par les voies de la rive gauche, ou bien enfin par n'importe quelles rues il vous plaira de choisir. De la Porte Jaune au Café de la Paix, et de Durand à la Cascade et chez Ribard, on consomme sur quatre lieues de long.

Jusqu'alors on a pu prendre des glaces, des sorbets, des gâteaux ou des sirops, de la bière ou des liqueurs; mais, aussitôt que les horloges pneumatiques ont silencieusement marqué la cinquième heure, tout cède à une consommation nouvelle, dominatrice absolue. C'est cette heure fameuse, appelée naguère « l'heure de l'absinthe », et qui maintenant a perdu ce nom pour en prendre un plus général : c'est « l'heure de l'apéritif » !

Non pas que l'absinthe ait vu diminuer le nombre de

ses fervents. On peut même dire qu'elle a été récemment
honorée d'une manière de réhabilitation en ce sens que
maintenant, si l'on est sûr que la liqueur d'absinthe est
corrosive, on sait du moins que son principe destructeur
n'est pas dans l'absinthe, mais dans la liqueur, c'est-à-dire
dans l'alcool, et que si l'on est ravagé, ce n'est nullement
par la plante, mais certainement par l'alcool méthylique.
Vous voyez comme cela change, non pas les résultats,
mais les responsabilités !

L'absinthe, donc, tient toujours ses adorateurs : elle
demeure l'apéritif par excellence, et à cinq heures son
culte commence partout. Cette solennité imbibitive est
bien le sujet dominant qui doit servir de frontispice à
Paris qui Consomme.

L'absinthe pure, d'abord, que l'on fouette à petits
coups pressés en versant de l'eau frappée, par gouttes ou
par larmes. Certains humectent assez faiblement la *verte*
et attendent que le liquide se soit troublé pour compléter
le verre d'un seul jet.

L'absinthe anisée, fréquente; l'absinthe à la menthe,
plus rare, s'émulsionnent de même.

L'absinthe au sucre, enfin, demande un appareil : une
cuiller percée de trous, sur laquelle on place le sucre,
en travers de l'orifice du verre. On verse l'eau lentement,
et le sucre, fondant, tombe dans l'absinthe en l'opalisant
de petites traînées serpentines (ô Loïe Fuller!).

Mais la généralisation de la consommation a amené
chez les clients la variété et la gradation des goûts. A
mesure que se répandait le besoin d'artificiellement
provoquer l'appétit, se créait, à l'usage des craintifs de
l'absinthe une série de succédanés du fameux toxique;
succédanés réputés apéritifs, inoffensifs, même favorables,
mais dont la médecine, toujours désillusionnante, nous
apprend cependant que le privilège est de paralyser tout
net la confection des sucs digestifs! Et ces aphrodisiaques
de l'appétit ont été qualifiés de « fer rouge promené
dans l'estomac »!

L'apéritif! quelle importance dans la vie actuelle! Et
comme ce mot se prononce avec recueillement : « Je vais
prendre l'apéritif! Venez-vous à l'apéritif? A demain, à
l'heure de l'apéritif! Mon mari n'est pas là, Monsieur;
il est allé prendre l'apéritif. »

C'est le noir bitter, pur, ou gommé, le bitter-curaçao,
et cet autre nègre, l'amer-picon que l'on prend avec de
la gomme, du curaçao ou de la menthe.

C'est le vermouth pur, ou gommé, ou mélangé à
toutes sortes de sirops : groseille, cassis, guignolet.

Mais le noble vermouth de Turin, le fameux *torino* se
savoure pur, ou se mélange avec une sorte de bitter
américain dit *agostura*. Ceci nécessite une opération particulière du garçon : il agite une fiole sombre, au bouchon
traversé d'un chalumeau et en fait tomber goutte à goutte

dans le verre un liquide rougeâtre, visqueux comme du jus de pipe ou du vernis de carrossier; prenant le verre il le tourne et le retourne jusqu'à que ses parois soient partout recouvertes de la teinture. Alors seulement il verse le torino, qui se boit avec ou sans eau.

Voici le madère, le malaga, le xérès, le porto, et aussi un quinquina spécial appelé byrrh.

Mais l'absinthe, le bitter et l'amer-picon jouissent de la faveur la plus certaine. D'ailleurs, sur un décret rendu on ne sait d'où, ces trois apéritifs purs ou en mélanges ne coûtent que cinquante centimes, tandis que pour les autres le prix est plus élevé.

Chose curieuse et faite pour déconcerter le voyageur; prenez une absinthe ou un bitter, faites-y mettre de la gomme, de l'anisette, de la menthe, du curaçao; c'est un breuvage de cinquante centimes : que si vous demandez qu'on vous mette dans le même grand verre, *seulement* de la gomme ou de l'anisette, ou de la menthe, ou du curaçao, c'est quinze sous, un franc, ou même un franc vingt-cinq!

A signaler certains cafés spécialement flibustiers, où, sur la demande d'un amer-curaçao, payé partout cinquante centimes, on vous apporte un verre dans lequel est versé l'amer, et un flacon gradué contenant le curaçao. Ceci permettra de vous compter un amer et un curaçao, soit un franc. Si vous dépassez la graduation, malheur à vous : car un amer et deux curaçaos font trente sous!

Curiosité : les mélanges hybrides, les absinthes au sirop de groseille, l'amer à la grenadine, breuvages à teintes extraordinaires, rappelant des lavages de pinceaux, ou les pires résultats des digestions impossibles. Mais ces décoctions se pratiquent peu dans les endroits *select* de distinction relative, dans le centre de Paris. Elles sont plutôt dignes des extrémités.

*
* *

Puisque nous parlons des extrémités et que nous nous trouvons à Vincennes ou au bois de Boulogne, profitons-en pour remarquer un curieux cas de consommation caractéristique et actuel : l'apéritif de la mariée.

La journée de traînage en landau s'est à peu près terminée. On a trop ri, trop joué, trop plaisanté. On sent la fatigue des cérémonies du matin. Bon! Alors l'apéritif intervient comme le coup de fouet du plaisir qui va redonner aux muscles et aux nerfs des invités la vigueur requise pour la suite de la fête, pour la fin de la noce.

C'est sans doute la première absinthe au sucre de la nouvelle mariée.

Quelle cérémonie! Quel baptême! Et avec quelles infinies précautions l'époux trempe l'absinthe conjugale à petits coups légers!

PIERRE VIDAL

Pour son début dans la vie à deux, la jeune mariée apprend ainsi l'art de manier l'absinthe comme un homme.

Les femmes sont déjà devenues doctoresses, avocates ; elles seront adjointes, mairesses et députées ; elles porteront nos culottes, « étoufferont le perroquet », boiront notre « groseille verte », notre absinthe. Ce jour-là, le règne terrible des druidesses sera rétabli en France, et les hommes deviendront chevaux de fiacre.

*
* *

Entre les extrémités et le centre, et par centre nous entendons le Boulevard, de la rue Richelieu à la Madeleine, avec une tendance au déplacement constant de l'est à l'ouest, de Tortoni au café de la Paix, viennent les cafés de tout rang. Il faudrait un traité in-quarto pour en peindre les aspects divers et en caractériser les variantes : le café tranquille et le café cohue, le café de l'habitué et le café du passant, le café qui tend à monter vers le restaurant et le café qui tend à descendre vers la brasserie, etc.

Pour résumer cependant, deux types opposés comme toujours ; le café vieux-jeu et le café nouveau-jeu.

Le café vieux-jeu est un endroit de haute tenue. C'est presque un salon. Les mélanges de Locuste dont nous parlions tout à l'heure ne s'y pratiquent point. On n'y joue pas, sinon peut-être aux dominos, et jamais aux cartes. A l'heure de l'apéritif on n'y fume point la pipe, mais le cigare ou la cigarette. Enfin, et surtout, on y est servi par le correct et bien rasé garçon de café d'autrefois, et dans l'ancienne manière. Ce garçon vous apporte sur un plateau un verre fin, vous verse avec une délicatesse appréciable la boisson demandée, de telle sorte qu'il n'y ait nul débordement. Quand vous le payez, il va donner votre pièce au comptoir, et vous rapporte la monnaie sur une soucoupe ou un récipient à ce destiné. Il vous remercie pour les dix centimes de pourboire qu'il va immédiatement porter au tronc. Le garçon de café du vieux-jeu est payé par le partage de ce tronc avec le maître du café, à moins que les pourboires ne lui appartiennent en entier après qu'il a payé à son patron un droit de tant par jour pour travailler dans son établissement.

Le café nouveau-jeu, pouah! c'est le dernier mot du progrès, et c'est répugnant, du moins pour moitié!

Car le café nouveau-jeu se partage en deux subdivisions indépendantes l'une de l'autre; celle où l'on se nourrit, et celle où l'on consomme. En argot technique, le « restaurant » et la « limonade ».

Notez que la limonade au sens propre du mot, la limonade-boisson, est presque aussi rare devenue que peut l'être le *coco*. Et encore boit-on du coco le soir dans les cercles, au Jockey et à l'Épatant.

Le restaurant méprise la « limonade » : il y a de quoi.

Le restaurant tient encore de l'ancien jeu; c'est toujours un lieu réservé; un public choisi et qui veut, chez les garçons chargés de le servir, une certaine tenue et un tact spécial.

La « limonade » est une dégénérescence, ou, si vous voulez, une hypertrophie du café, née de la nécessité de servir rapidement un nombre colossal de consommateurs. Il faut la voir fonctionner, un dimanche d'été, vers six heures, alors que viennent se joindre aux clients de l'apéritif tous les promeneurs qui veulent se désaltérer, se rafraîchir, ou s'asseoir. C'est un bazar, une cohue de passants, à la merci d'une tourbe de garçons numérotés, à tenue douteuse, à coiffure mal rangée, à barbe libre, à moralité plus que suspecte. Outre les garçons ordinaires, dont quelques-uns prennent congé ce jour-là, voici les *omnibus*, garçons apprentis, ou les *extra*, garçons de passage.

Les garçons de limonade ont avec le patron une comptabilité aux jetons. Ils donnent cent francs, en échange de quoi on leur remet quatre-vingt-quinze francs de jetons, de bons de délivrance de consommations. On présume que, ces quatre-vingt-quinze francs de consommations écoulés, ils en retirent en outre, par les pourboires, d'abord les cinq francs prélevés par le patron, ensuite cinq autres francs de bénéfice personnel.

Maintenant, voulez-vous voir la distinction suprême de la « limonade? »

Vous arrivez, et prenez place à une table. Le garçon s'approche, prend sous cette table, dans une boule *ad hoc*, un torchon malpropre, essuie grossièrement votre marbre, et remet ce torchon dans la boule entre vos jambes. Ensuite, vos ordres pris, il vous apportera un verre grossier, sur une soucoupe épaisse. Comme l'épaule d'un forçat, cette soucoupe est marquée, non point de deux lettres il est vrai, mais d'un chiffre. C'est le prix de la consommation. Ceci a l'air d'un avis du patron sagace au consommateur et veut dire en bon français : *Ouvre l'œil, le garçon va essayer de te voler !* C'est, à s'y méprendre, le « gare aux pick-pockets », des Anglais.

Le garçon dépose dans la dite soucoupe un ticket graisseux : tel est le contrôle pour le sommelier.

Sur ce, criant à pleine gueule, le garçon appelle le sommelier, le verseur : *Versez terrasse !* Le sommelier n'a rien de la majesté du « boum » d'autrefois. C'est un petit chafouin de faiseur d'affaires, tout de noir habillé. Il s'avance, porteur de plusieurs bouteilles, afin de servir plusieurs clients du même coup : des bouteilles timbrées d'une marque supérieure, mais dans lesquelles peut fort bien avoir été inséré un contenu d'une marque infime. Cela a été vu, et même a été plaidé, jugé et condamné.

Déposant les bouteilles inutiles sur votre table et

prenant la dernière à bout de bras, comme un arrosoir, le sommelier projette dans votre verre, grossièrement, ignoblement, une inondation d'apéritif. Si vous ne l'arrêtez pas il ne s'arrêtera pas, et versera un demi-litre d'absinthe, qui retombera en cascade sur la soucoupe, le plateau et la table. Explication : le fabricant de liqueurs est le commanditaire du café, qu'un jour il sauva de la faillite imminente, moyennant cette condition qu'on n'y boirait plus que les alcoolatures de son laboratoire toxicologique. Et, pour pousser à la consommation, il fait une remise aux sommeliers. D'où leur prodigalité.

Le sommelier enlève et met dans sa poche le ticket graisseux.

Pour le garçon, il monte la faction devant votre table : cet honnête homme juge que vous pouvez être un filou et partir sans payer. Dans les moments de grande presse et de suprême chaleur, le garçon, sur son plateau chargé de dix ou douze bocks, en prélève un, qu'il boit à la course. Absorption qui amène une nécessaire contrepartie. Subitement le garçon disparaît dans un de ces édicules que la prévoyance administrative a placés juste devant les cafés, comme pour les embaumer; pendant un moment vous ne voyez plus que ses pieds; puis il reparaît, épanoui et achevant une mise en ordre. Alors, de la serviette qui essuiera les verres, il éponge son front ruisselant.

Sur ce, vous avez frappé la soucoupe avec une pièce

d'argent, et vous payez. Le garçon ne va plus chercher la monnaie au comptoir. Il farfouille dans sa poche ou dans sa sacoche, et jette canaillement votre monnaie sur la table. Attention! En dépit du prix marqué, prenez garde. Êtes-vous en famille, et les consommations sont-elles compliquées de sodas, limonades gazeuses, ou de gâteaux? le garçon essaiera le coup de l'addition rapide, marmottant vertigineusement : « ... quinze, vingt-cinq, trente-sept, cinquante-neuf, soixante-quinze, CINQ FRANCS VINGT! » Si vous êtes un naïf, tout est dit. Si, Parisien endurci, vous le regardez dans les yeux en lui disant de recommencer l'addition posément, vous arrivez à un total de trois francs soixante-quinze. Le gaillard vous volait un franc quarante-cinq. Que si vous êtes seul, avec une consommation simple, il essaiera le vol au rendez-moi, et vous remettra ou dix, ou vingt sous en moins, ou bien il vous fera le coup de la pièce chilienne. Si vous payez avec un billet de cent, il ne désespérera pas de vous subtiliser dix francs. Après quoi, fier, il retourne brusquement la soucoupe sur le plateau, cul par-dessus tête. Cette manœuvre, supérieurement élégante, signifie que vous avez payé.

Eh bien! si vous avez payé, croyez-moi, allez-vous-en. Vous n'êtes plus désormais qu'un gêneur, et même pis, pour le garçon de limonade : vous lui volez son argent. De quel droit occupez-vous cette table, au lieu de céder la place à un nouveau consommateur, c'est-à-dire à une nouvelle dupe et à un nouveau pourboire? Le garçon a en horreur les gens qui viennent se carrer à une table pour prendre l'air et voir passer le monde. Le consommateur qui sait vivre prend un bock ou un apéritif, reste cinq minutes, et s'en va.

Autre raffinement de distinction. Si vous consommez à la terrasse, une horde de camelots vous beugle, d'une façon ininterrompue, le journal : *Sa deuxième édition! faut voir!* Ou bien, *Le résultat complet des courses!* Ou bien, *Le Journal des Cocus, son curieux numéro, faut voir !* On vous offre la question du jour : *Qu'est-ce que Sadi?* On vous propose le compte rendu du Salon, *un franc au lieu de huit;* des lorgnettes, des livres d'occasion; des cartes, plans de Paris, terres cuites, photographies; des « dates historiques » (*sic*), c'est-à-dire qu'un adolescent suspect se dit prêt à vous citer, sur une date quelconque, les événements qui s'y rapportent. Des bouquetières tâchent, si vous n'êtes pas seul, de vous imposer leurs fleurs. Des miséreux glissent entre vos pieds un crochet de fer et harponnent des bouts de cigares.

Et toujours les journaux; les journaux vendus au numéro, qui fournissent une « dernière édition » toutes les demi-heures. Comme ils ne peuvent, de par la loi, faire hurler des nouvelles à sensation par leurs aboyeurs, ils se contentent de faire crier leur titre, mais impriment en gigantesques caractères des sommaires à effet, que les camelots brandissent et vous mettent effrontément sous le nez. Quelle joie pour ces braillards, quels cris, les jours de scandale parlementaire! Quelles mines penaudes les jours où l'on n'a qu'un vulgaire assassinat en vedette, ou même rien! Mais les crieurs crient toujours! O Déclaration des Droits de l'Homme! le premier de ces droits ne serait-il pas cependant celui de circuler et de consommer sans être assourdi, abruti, par cette racaille? Ou bien y a-t-il, dans la vie actuelle, des nécessités inéluctables? Voici, ô prodige! que le *Journal des Débats*, renonçant à sa tenue antique et solennelle, se met à deux sous, à deux éditions par jour, et se fait brailler sur la voie publique. Les *Débats* « dans le train »! Allons! décidément, le vieux monde est bien fini!

Vous fuyez : une douzaine de hautes casquettes vous attendent pour aller chercher votre fiacre, qui est cependant juste devant vous, et ouvrir malgré vous la portière.

*
* *

Allez-vous-en! Tâchez de trouver un endroit où tout au moins vous consommiez sous les arbres, dans la vive atmosphère, l'oxygène sacré, destructeur des microbes homicides. Arrêtez-vous à l'entrée du Bois, au café Chinois.

Pierre VIDAL

Vous y consommerez aussi le spectacle kaléidoscopique du va-et-vient des cavaliers et des voitures.

Vous jouez de malheur! Si c'est jour de courses, vous ne consommerez que la bousculade humaine à son paroxysme. Si c'est jour calme et de moindre affluence, vous ne pourrez cependant vous renfermer dans vos pensées et vous ne savourerez avec plaisir votre apéritif-plein-air que si vous êtes d'humeur à le noyer dans un torrent d'harmonie. C'est la mode d'avoir dans certains cafés, de quatre heures à sept, et le soir, les tsiganes.

Vous chercheriez vainement dans un dictionnaire la définition vraie de ces tsiganes. Les tsiganes sont des hommes qui s'habillent en hussards pour faire de la musique. Quelquefois ce sont des femmes, mais elles s'habillent en hussards tout de même. Ces pandours des deux sexes jouent la valse de *Faust* et la marche de *Rakoczy*, le *Trouvère* et la *Gavotte Stéphanie*, le ballet du *Cid* et le *Beau Danube bleu*. Puis une jeune hussarde fait la quête, avec une sébile soigneusement amorcée de pièces de cinquante centimes, d'un franc et même mieux, comme appeau. Moyennant quoi elle récolte le plus souvent la vulgaire pièce de deux sous.

Théoriquement les tsiganes devraient être de Bohême. Pratiquement, c'est une autre affaire.

En 1889, au restaurant Russe, alors très select, une troupe de musiciens costumés en mougicks, jouait des séguidilles effrénées. « Pourquoi, — demanda un consommateur à son voisin, — ces tsiganes, qui sont habillés en russes, jouent-ils des airs espagnols? » Le voisin, qui était observateur, répondit avec philosophie et vérité : « C'est parce qu'ils sont italiens. »

La musique, le tsigane, est une des manières indirectes de provoquer le consommateur.

Ici nous nous trouvons aborder la mise en scène de la consommation, sujet très actuel et à étudier de près. Nous lui consacrerons un titre spécial.

Mais auparavant, abandonnons un court instant la consommation-boisson pour passer en revue quelques cas intéressants de consommation-aliment.

TITRE II

QUELQUES CONSOMMATIONS SOLIDES

Les Soupes.

Le laboureur nourrit le soldat, le soldat défend le laboureur, disait une lithographie de 1830. Elle eût dû ajouter un troisième terme.

Comme Brébant, mort pauvre, qui non seulement nourrissait la littérature, ce qui lui valut même le titre de *restaurateur des Lettres,* mais encore offrait aux miséreux les reliefs des festins nocturnes, sous forme de soupes variées que l'on distribuait à sa porte vers les sept heures du matin; comme Brébant, dis-je, le soldat nourrit le pauvre diable, — de ses restes.

Dès que trompettes ou clairons ont sonné le refrain de la soupe, si cher aux oreilles des futurs maréchaux de France — présentement soldats de première et deuxième classe, — des loqueteux s'approchent de la porte du quartier ou de la caserne pour participer à la distribution du reliquat de cette soupe... légèrement allongé pour la circonstance, afin qu'il y en ait davantage et que le nombre des heureux soit plus grand.

Ce ne sont pas des pauvres pris au hasard : le premier mendiant venu n'est pas admis à cette consommation offerte par la charité militaire; ce sont des misérables de choix, brevetés, et titulaires d'une pièce justificative spéciale et en règle, qui viennent tendre, pour recevoir la bienheureuse soupe, les récipients les plus étranges et les plus invraisemblables.

Il y a ici un élément qui ne change pas : c'est le loqueteux, qui sous tous les régimes a le même aspect. Il y en a un second : la soupe, consommation toujours semblable à elle-même, sauf les variantes dépendant de la qualité de la marchandise fournie par messieurs les bouchers; qualité qui a varié de la viande la plus loyale jusqu'à la septicémique, d'où la création récente de boucheries militaires dans les gros centres de garnison.

L'élément instable est l'uniforme du troupier, qui en France se modifie comme un Protée. Voici, au quai d'Orsay, des dragons : avant-hier le casque à peau de tigre; hier la tunique; aujourd'hui le dolman à brandebourgs et le casque à longue crinière; demain la tunique et les épaulettes; sans compter l'adoption et la suppression de la lance, et les modifications fiévreuses de l'armement.

Pierre VIDAL

L'armée n'a pas encore eu le temps de recevoir le dernier uniforme adopté, que déjà on en a capricieusement décrété un autre !

Autrefois les communautés et les évêques suffisaient à offrir des soupes gratuites : *sopa boba*, disent les Espagnols ; — et Mgr du Harlay en pouvait distribuer cinq mille rations par jour. Maintenant on a vu M. Oller distributeur de soupes à la piscine de la rue Rochechouart.

La dernière nouveauté — déjà usée cependant — est la soupe-conférence. Récemment des quêteurs bien mis se présentaient chez les bourgeois et faisaient passer leur carte : *X****, anarchiste : soupe-conférence.* C'était moitié « fumisterie » et moitié menace. Le bourgeois, moitié crânerie et moitié terreur, donnait ses cent sous, en prenant l'air de quelqu'un qui saisit la plaisanterie et sait la trouver très drôle ; et puis, afin de ne pas être inscrit, pour un refus, sur quelque liste redoutée.

Et voilà comme, salle Favié à Belleville, des malheureux, s'installant à des tables, recevaient d'une douzaine de bons « compagnons » en manches de chemise, et de « compagnonnes » en tablier blanc, des bols pleins d'une sorte de julienne maigre, et, en guise de dessert, un numéro d'un journal anarchiste. Après quoi « les satisfaits » (rien de Forain !), c'est-à-dire ceux qui avaient absorbé la soupe, prenaient place dans les galeries et étaient tenus de consommer la conférence d'un citoyen,

également anarchiste. — Probablement sur la nécessité
de faire rendre aux « satisfaits » la soupe absorbée, afin
de la mettre en commun et de la resservir à une autre
série d'infortunés, qui, eux aussi, ont droit.

Deux sous de Frites.

Vers onze heures, quand une promenade matinale
vous a entraîné dans les rues de Paris, et que l'appétit
commence à émouvoir votre estomac, Monsieur, et les
papilles de votre nez, il n'y a rien de désagréable à
sentir monter la bonne odeur de friture qui s'exhale
de la poêle où, pareils à des fleurs jaunes, s'épanouissent
les ronds de patates.

Lors, de toutes les portes du voisinage sortent en
courant les petites apprenties, les brunisseuses et les
polisseuses, les brocheuses, les plieuses; elles vont vers
la marchande. Vite, dans un cornet, celle-ci met pour
deux sous de frites, qu'elle sale vivement. Le petit rat
d'atelier en pique une du bout des doigts et la croque
gentiment dans la rue, puis une autre, puis une autre.
Là-bas, elle a son morceau de charcuterie et son pain :
les frites, c'est la gourmandise, la consommation ! On
dirait du gâteau ! Puis c'est chaud, et le sel pique la
langue. Vous êtes bien gourmande, petit rat d'atelier !

Viennent aussi vers la marchande des garçons en

Pierre VIDAL

redingote bleue à boutons timbrés. Ils achètent deux, trois, quatre ou cinq fois deux sous de frites, en autant de cornets qu'il y a de petits employés obligés de rester au bureau.

Quand tout se renouvelle, la frite est de ces consommations qui tiennent bon et traversent les âges, comme les tripes à la mode de Caen, les marrons, le café au lait, le plaisir-mesdames et le « petit noir ».

Pour tout le menu monde, la frite représente non seulement une nourriture, mais elle évoque aussi les belles fainéantises des dimanches, hors barrière, quand un orgue mélancolique chante la *Traviata* près du pont, quand les balançoires montent et descendent, tandis qu'on entend des coups de carabine dans le tir voisin.

Tout en se remémorant ces joies, les mangeurs de frites assis à un bout de table, dans l'atelier ou le bureau, dissertent sur les valeurs diverses qu'un tel élément de consommation prend selon l'adresse de la friturière.

— Il y en a une à la Grande-Jatte, qui vaut bien mieux que celle de la rue Joquelet.

— Je ne trouve pas, moi, répond quelqu'un, mais, pour sûr ! les meilleures se trouvent rue Saint-Honoré. Quand j'étais chez les Abraham, je me servais là, et toujours c'était du nanan.

Écoutons donc avec respect grésiller les frites, et remercions Parmentier qui inventa ce régal pas cher. —

Qui eût pensé cependant que la tranquille parmentière pût devenir subversive ?

Semblable à l'acide azotique qui par son contact transforme les substances les plus placides, comme le coton, en explosifs terrifiants, le citoyen Lisbonne est venu, et, boulevard de Clichy, a brandi la pomme de terre, devenue par lui la « frite révolutionnaire ».

Mince succès, d'ailleurs. C'est parce que le cabaret des *Frites révolutionnaires*, au lieu d'être une nouveauté, n'était qu'une reprise affaiblie, une *resucée* de cette *Taverne du Bagne* qui, à un moment de 1885, avait excité la curiosité par sa mise en scène, sauvage jusqu'à la canaquerie !

Repas des Cochers.

Aux alentours de la station de tête, tandis que les omnibus attendent à la file l'heure du départ que sifflera bientôt le contrôleur, les conducteurs et les novices cochers s'égaillent chez les restaurateurs qui possèdent parfois une tonnelle, vieux souvenir du temps où vers ces parages on voguait déjà en pleine banlieue.

Parfois le mastroquet se trouve être en même temps buraliste de tabac; et Dieu sait quelles odeurs singulières de gras-double, quels relents de fricot troublent la narine du beau monsieur qui vient là chercher des *opéras* (demi-londrès), ou de la gentille dame qui, en passant, vient acheter un timbre.

Le contrôleur, lui, est une espèce de chef de corps. Sa grandeur l'attache au rivage où se distribuent les numéros; il ne peut se commettre parmi ses subalternes et préfère être servi dans son bureau.

Le cocher, rangé et sage père de famille, ne va pas, lui non plus, gaspiller sa paye en orgie de haricots et de gigot. Après avoir donné un dernier coup d'œil à ses chevaux, il va s'installer tout bonnement dans sa voiture. Ne sait-il pas que sa femme, la blanchisseuse du carrefour, l'a vu passer, et qu'elle ne manque point chaque matin de lui envoyer sa gamine avec le plat de famille?

Et rapidement, avec le rude appétit que l'air matinal lui a donné, il avale en silence la soupe et la part de viande, tandis que la petite, debout, parfois accompagnée de la grande sœur qui rentre à l'atelier, attend que le père ait fini. D'un revers de main le cocher essuie sur sa lèvre la dernière goutte de vin bu, pour embrasser « l'héritière » qui remporte aussitôt la vaisselle.

Alors, le cocher quitte le coussin de l'intérieur dévolu aux voyageurs, et sur le trottoir il allume sa pipe. Quand sa voiture prend la tête, il accroche au timon la chaîne fixée au pavé et attend que le sifflet du contrôleur lui ordonne d'enlever la *couverte* des chevaux, de la jeter sur son siège, puis de décrocher la chaîne qui retombe sur le pavé avec un bruit métallique, de grimper vivement, de s'envelopper avec la couverte les genoux et les pieds, de prendre en mains les rênes, et là d'attendre que le conducteur, après avoir sonné les voyageurs, tire le cordon avertisseur.

Parfois le jeune conducteur s'attarde sur un café trop chaud. Le sifflet du contrôleur se fait entendre : ût-ût-ût! Quelques amis de l'absent courent le chercher, dans l'arrière-boutique du marchand de tabac. Le cocher, impassible sur son siège, contemple de très haut ces défaillances dans le service.

Enfin le voilà, l'homme au képi et à la sacoche : il sonne : tin-tin-tin, trois voyageurs à l'impériale; tin-tin-tin-tin à un ton plus bas, quatre à l'intérieur; la feuille est pointée par le contrôleur, le cordon avertisseur joue. Et, sur un simple mouvement de main, le cocher modèle met son attelage en mouvement.

Doucement ballotté en sa digestion par les secousses du véhicule sur le pavé dur, il murmure : « C'était bon le rata de c'matin, faudra que je félicite la bourgeoise! » Et il ajoute mentalement : « Ils n'en ont pas comme ça dans leur gargot. »

Le « gargot » est, en ce moment, plein de cochers de fiacre.

Pierre VIDAL

Il n'y avait pas deux voitures à la station, tout à l'heure.
Et voilà, peu à peu, dix, douze fiacres à la file. En tête,
un vieux cocher, résigné, pensif, attend sur son siège le
client souhaité ; son cheval fourbu (déjà !) laisse tomber son
col mélancolique, et se tient sur trois pattes roides ; la
quatrième, pliée d'une façon gauche, se repose. C'est son
tour : il compte les heures, ce cheval, en offrant par
quart d'heure à chacune de ses jambes la position du
chien de fusil après la position de l'arc tendu.

Ce cocher est seul. Derrière lui, les voitures sont veuves
de leurs automédons. Les cocos et les cocottes ont le nez
plongé dans des musettes, que leur souffle humecte.

Les chevaux, à leur tour, consomment.

Le surveillant, à tenue de gardien de la paix, s'est
enfermé dans son kiosque pour manger hâtivement sur
le coin de son bureau, entre le carnet des départs et ce
fameux registre des réclamations dont nul ne se sert plus
à Paris, chacun en ayant, depuis longtemps, reconnu la
parfaite inutilité. Il n'est pas confortablement, certes, le
surveillant ! mais il se console en pensant au déjeuner
mélancolique et rarement inodore que fait là-bas, en
face, dans son « établissement », la tenancière de certain
chalet où nécessité fait loi.

Les cochers, jeunes ou vieux, gras ou maigres, venus
de Bayonne avec un redoutable accent gascon, ou débar-
qués du Mans ; les uns taillés à coup de serpe, noirs,

jaunes, ressemblant aux ceps de vigne de leur pays; les
autres ronds et roses comme des pommes, — tous les gilets
rouges sont assis à la terrasse du mastroquet et se font
servir de plantureuses assiettes de soupe, puis des huîtres
portugaises, et le vin luit dans les litres, dans les verres,
sur les faces qui se congestionnent.

Le garçon de restaurant va et vient, portant des saucisses aux choux, des biftecks aux pommes, des salades.
Fouette l'appétit! Tous activent le jeu des mâchoires, et
poussent l'une sur l'autre les larges rasades de vin bleu.
Le soleil de l'été met un sourire dans cette hâte.

Soudain un client, ayant suivi toute la longue file de
voitures, arrive jusqu'au solitaire cocher qui tient la
tête; mais, dégoûté par l'aspect du fiacre ou la pénible
attitude du palefroi, il redescend inquiet de ne voir ni
cocher ni surveillant. Il est évident qu'à ce sale rouleur,
à ce maraudeur sordide et tout brisé, bon à porter des
contagieux à l'hôpital, à ce cocher malpropre dont le
chapeau est aussi déverni que sa voiture, à cette rosse
lamentable et ridicule (c'est un cheval blanc!) il préfé-
rerait une Urbaine (à la propreté très relative), ou une
Camille, ou une Coopérative, ou une Union des Cochers, ou
bien cette voiture de la Compagnie Générale qui se trouve
être neuve, avec un cheval neuf et des harnais neufs, et
dont le cocher aussi doit être neuf : un de ces cochers
de vingt ans, frais émoulus des champs, qui ignorent

candidement Paris, mais vous mènent un train d'enfer tout à fait inconnu des vieux cochers. Le bourgeois passe son inspection et s'arrête, hésitant et tout interloqué :

— Tiens, il reluque ta voiture ! disent entre eux les cochers à leur table.

— Bast ! Faut d'abord qu'j'avale le café. Attends, mon bonhomme !

Et le client finit par prendre le fiacre de tête.

Le cocher de la deuxième voiture, voyant apparaître le regard du surveillant par la porte entre-bâillée du kiosque, se décide, après avoir essuyé sa bouche d'un revers de main à aller, tout en ruminant encore sa salade, prendre la tête de la colonne. Mais si le bourgeois est un client habituel, ou un Parisien renforcé et tenace, il se fait chercher le cocher du fiacre de son choix par le garçon de station, auquel cette commission vaut deux sous donnés par le cocher.

Parfois, un cheval s'ébrouant tout à coup prend peur, et se lançant de travers sur la chaussée, s'emballe tout seul, avec un grand bruit de ferraille. Aussitôt, nu-tête, le cocher quitte le restaurant, s'élance à la poursuite de son quadrupède, qu'il ramène avec force bourrades, à moins que le fiacre ne soit brisé contre un réverbère, ou qu'un infortuné vieillard n'ait roulé sous les pieds de l'animal.

S'il n'y a pas eu d'avarie, le cocher retourne à sa

place, et lampe un litre de plus, en se plaignant qu'on ne puisse pas déjeuner tranquille.

Alors, ils s'en vont presque tous deviser en fumant sur le trottoir à côté de leur voiture, sous l'œil pacifique du gardien. Quelques-uns, entrés dans la boutique du mastroquet, jouent le café, la *roupie de singe*, au tourniquet, au zanzibar, ou même à pile ou face.

Les plus malins, prévoyant l'arrivée prochaine du client, sont grimpés sur leurs sièges, et, tout en digérant, guettent de l'œil le « bourgeois » dont la figure respire d'avance un bon pourboire, et lui faisant signe du coin de l'œil, disent à mi-voix :

— Voilà, patron !

Au Bouillon Duval.

Quantum mutatus! — En français : le Bouillon Duval d'aujourd'hui n'a rien de commun avec celui du début, il y a quelque trente ans.

C'est bien toujours même apparence extérieure.

Même préposé délivrant les cartes à l'entrée.

Mêmes tables trop étroites, où deux, trois, quatre personnes qui ne se connaissent pas déjeunent, serrées coude à coude et pied à pied, sans nappe.

Mêmes petites bonnes, devenues fameuses, et ayant eu la réclame du théâtre, comme les demoiselles du

téléphone. Elles demeurent toujours le signe distinctif
du « bouillon ». Un « bouillon » servi par des garçons,
un « bouillon » sans les bonnets et les tabliers blancs ne
sera jamais un véritable bouillon, mais un restaurant, et
d'ordre très inférieur. Quoique le Duval central, rue
Montesquieu, soit servi par des mâles. O ano-mâlie!

Même tenue des petites bonnes, se reposant assises
en attendant l'heure du coup de feu, ainsi que nous les a
montrées un tableau de Gœneutte. (Moins cruel que le
grand magasin, le Bouillon Duval permet aux femmes de
s'asseoir dans les moments d'inaction.) Puis debout dès
onze heures, le crayon pendu au côté, et attendant la clientèle; puis, après leur repas personnel, aidant, au milieu
de la journée, à l'épluchage des carottes du pot-au-feu et
de l'oseille destinée au fricandeau du soir.

Mêmes contrôleurs, mêmes contrôleuses, déambulant
à travers l'établissement et effaçant sur le menu les
« plats du jour » épuisés.

Mêmes verseuses, apparaissant au moment du café et
du petit verre; plus graves, plus âgées que les petites
bonnes, et ayant l'air de remplir une fonction hiératique
en abaissant sur la demi-tasse le bec de la cafetière.

Mêmes caissières, additionnant en un clin d'œil les
barres cabalistiques et, d'un coup de compteur ferme et
sec, timbrant la carte.

Même carte... en apparence. En réalité, et tout le

nouveau est là, carte avec des prix fortement augmentés
sur les prix d'autrefois, devenue un simple bordereau de
pointage des consommations prises, et renvoyant pour
l'énumération et les prix du menu à la *carte du jour,* au
programme aussi chargé — mais oui! — que celui des
restaurants de premier ordre.

C'est que le Bouillon Duval n'est plus l'économique
maison où l'on consommait un sou de serviette, deux de
pain (et même un « demi-pain » à un sou), trois de
carafon, quatre de potage, cinq de légumes, huit de
viande, trois de fromage et quatre ou cinq de dessert.

Aujourd'hui, d'abord, tous les prix ont été « bonifiés »
et forment une gamme ascendante pouvant aller jusqu'à
des plats de un franc vingt-cinq. C'est là l'ordinaire.
Au-dessus, commence la série des mets fins, huîtres, et
vins extra. Alors on ne se connaît plus!

Et puis, il s'est formé une catégorie toute spéciale et
nouvelle de clients : les habitués-raffinés.

Sans doute, les petites bonnes voient toujours venir des
familles placides qui mettent deux heures à déjeuner et
ne laissent qu'un maigre pourboire, et des isolés-pressés,
espèce particulièrement goûtée de ces demoiselles; car
le service de l'isolé-pressé est simple et bref, et son pourboire généreux. Naguère même elles ont eu l'honneur de
servir des copurchics, lorsque déjeuner chez Duval, « la
faire au rangé et à l'économie » fut momentanément un

Pierre VIDAL

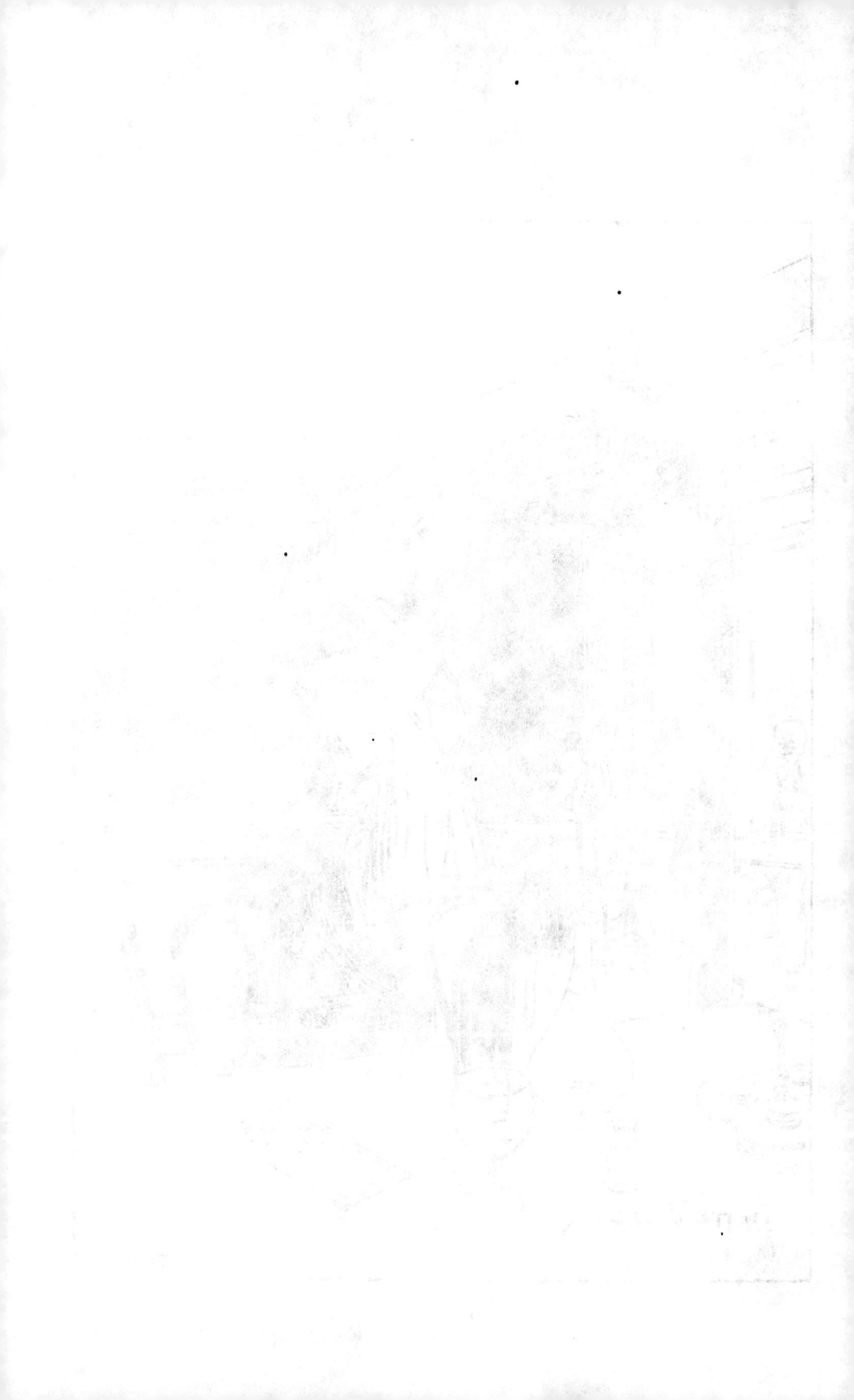

snobisme. Les gommeux émettaient alors ce principe : il y a deux restaurants « possibles » : l'Anglais et Duval.

Eh bien, cet axiome émis sans conviction et par pose était plus parfaitement une vérité qu'on ne le pense. Ici est la transformation. Le bouillon Duval est devenu un succédané de l'Anglais à l'usage des petites bourses, des habitués-raffinés qui y viennent se pourlécher, goûter toutes les voluptés culinaires par fragments de quinze à vingt sous, et s'initier par demi-bouteilles aux vins les plus extra. L'habitué-raffiné est pourri de manies, bien connues et respectées de sa petite bonne habituelle; il raffine sur tout : sur le pain qu'il ne veut que par le croûton, sur le bouillon qu'il réclame avec une dose fixe de filaments de poireaux, sur l'omelette qu'il exige baveuse, sur la côtelette qu'il n'accepte qu'à un état donné de demi-cuisson, ainsi de suite. Puis il tâte de tout, passe de la demi-douzaine d'huîtres au demi-pied truffé, et des quinze sous de foie gras aux soixante centimes de fraises-primeur. L'eau de Seltz, dont il fut longtemps un fidèle, ne lui suffit plus : il donne, lui aussi, dans l'eau minérale.

La petite bonne, toujours correcte et digne nonne de cuisine, va, vient, glisse, écoute attentivement, commande sans fracas, emporte la carte entre le haut de son tablier et son corsage, puis, en délivrant les plats demandés, la crible de coups de crayon.

Et les soixante et les soixante-quinze centimes

s'accumulent terriblement, sous forme de petites barres.

En conséquence de quoi le raffiné de Bouillon Duval, qui ne voudrait pas dépenser quatre francs au restaurant pour un bifteck-pommes, une bouteille de chablis et un fromage, en dépense cinq ici pour avoir une dizaine d'aperçus différents et se délecter par bribes.

Meilhac et Halévy ont fait dire à un personnage de la *Belle Hélène* : « Le bouillant Achille a de l'œil, le bouillon Duval, jamais! » Propos assurément calomniateur pour les consommations de Duval, qui sont d'honnête qualité. Mais ce qui est vrai, c'est qu'au bouillon Duval on ne consomme pas « à l'œil ». Au total, avec son système de lichettes qui, partant de chiffres modestes, arrivent à des vingt et trente sous pièce, le bouillon Duval est un restaurant hors de prix!

Restaurant à quatre-vingt-cinq centimes.

Autre manière d'aborder, dans les prix doux, toutes les voluptés : le restaurant à dix-sept sous.

Deux plats au choix, un dessert, une demi-bouteille, pain à discrétion. — Et quel menu, un rêve!

Nous avons comme poisson le saumon sauce verte, la sole normande, un brochet. Puis, du filet sauce Périgueux, des côtes de veau à la milanaise. Et aussi du gibier : lièvre en civet, filet de chevreuil poivrade, salmis de bécasses.

Sur ce fantastique menu la mayonnaise est fréquente, et la bisque d'écrevisses n'est pas rare; on y trouve parfois des mets extraordinaires que seules les bourses rondes sembleraient pouvoir se permettre; des historiens dignes de foi prétendent y avoir trouvé des nids d'hirondelles et des filets d'ours et d'onagre.

D'ailleurs, à l'étalage se pavanent d'énormes fruits dignes de Chevet : des poires grosses comme une tête d'enfant, des pêches et des raisins venus sans doute de Montreuil ou du pays de Chanaan; et, merveilleuse chose, bien faite pour convaincre la foule admirative plantée sur le trottoir, voici un cerf, un vrai cerf pendu par les pattes de derrière, qui allonge sur le sol son museau sanguinolent et ses bois authentiques de dix-cors, tandis que les perdreaux, accrochés le bec en l'air, forment une grappe, juste à côté de l'affiche où luisent ces chiffres tentateurs : *1 fr. 25, 1 fr. 15, ou 85 centimes,* juste au-dessus d'un menu royal, que nul sceptique n'oserait révoquer en doute, voyant de ses yeux à la porte, toutes crues encore, et revêtues de leur poil ou de leurs plumes, les bêtes que l'on doit manger cuites à l'intérieur.

Et l'on dit que la nourriture coûte cher à Paris !

Aussi les étudiants pauvres, les petits clercs et les

maigres commis, les bourgeois peu rentés souhaitant
prendre part aux agapes des riches, se précipitent-ils
dans la boutique, où les petites tables sont couvertes
d'une nappe à peu près blanche, mais où flotte toujours
une vague odeur de graillon mêlée aux senteurs de
l'acide phénique et du filet de vinaigre.

Allez, mangez, jeunes hommes et vieux bourgeois, et
repaissez-vous de votre illusion : avoir pour dix-sept sous
un menu de vingt-cinq francs ! Croyez au cerf dix-cors et
aux perdreaux de la porte ! !

Hélas ! hélas ! ce cerf n'est là que pour la parade, ces
perdreaux sont loués, ces fruits aussi. Ils seraient em-
paillés, ou imités en carton comme au théâtre, que ce
serait même chose.

Pourtant — direz-vous, — les soles, et les salmis et
les filets de chevreuil de l'intérieur existent... — Oui.

Le matin, à l'aube, est arrivé au restaurant un grand
panier couvert d'une toile sombre, que l'on nomme, dans
le langage spécial aux offices et cuisines, le *drapeau noir*.
Là dedans se trouvent tous les reliefs des grands dîners
ou des soupers de la veille, tous les morceaux que
déchiquetèrent sans appétit les beaux messieurs et les
belles dames, soit dans les palais, soit dans les restaurants de nuit. Les maîtres-queux et les chefs revendent à
vil prix les restes du saumon, les filets de sole normande
à peu près intacts, les carcasses de volaille, et les filets

de chevreuil. A travers les époques, cela rappelle le *serdeau* ou desserte du roi, que certains gentilshommes de la bouche revendaient aux Versaillais.

Voilà pourquoi vous avez un menu qui rivalise avec ceux de Rothschild quand il a des invités de marque, et avec les « cartes » que Tata ou Niniche imposent à leurs amants durant les agapes nocturnes.

Un peu de désinfectant par là-dessus, quelque parure, et vous mangerez pour dix-sept sous le festin de Lucullus, ô naïfs écoliers, vagues et tumultueux commis qu'hypnotise le cerf dix-cors pendu à la devanture, et qui lui, bientôt, s'en retournera chez son véritable patron, le grand marchand de comestibles, quand huit jours de plein air l'auront mis à point pour une vente sérieuse.

Mais ne pleurez pas! Car il vous en reviendra, des morceaux de ce cerf, sous le drapeau noir!

Dans les grands Restaurants.

Eh bien alors, si Duval et les gargotes à dix-sept sous ont le menu des grands restaurants, quel est donc, dans ces grands restaurants, le menu de ces beaux messieurs et belles dames que nous entrevoyons à midi, déjeunant, derrière les glaces du Café Riche ou de la Maison d'Or, de l'Anglais ou du Café de la Paix, de Bignon, de Voisin ou de Durand? La réponse se déduit logiquement :

c'est le menu de Duval ou des quatre-vingt-cinq centimes. Mais dans d'autres conditions de décor, de mise
en scène, de service, de luxe, de développement, de
fraîcheur... et de prix. Et aussi de simplicité.

Car c'est un signe caractéristique du temps que le
développement du menu dans les moindres établissements, et sa simplification dans les grands.

Jadis, la carte-dictionnaire, un volume avec des signets
à chaque ordre de plats : cent potages, cent relevés,
trois cents entrées, deux cents rôts, quatre cents entremets, deux ou trois cents vins. Programme-Tartarin, en
réalité, sur lequel rien n'était prêt, qu'un certain nombre
de plats du jour, au fond sempiternellement les mêmes.

Aujourd'hui, la brève carte d'une seule feuille, —
ornée d'une vignette, — et qui, avouant nettement la
situation que cherchait à cacher l'ancienne carte, n'offre
que ce qu'elle peut réaliser : cinquante à soixante plats,
les uns permanents, les autres variables suivant la saison
et le jour.

Et la qualité de ce que mangent et boivent les beaux
messieurs et les belles dames?

Si l'on en croit les commentateurs qui se piquent de
connaissances culinaires, si l'on compulse les textes, et
si l'on entasse Nestor Roqueplan sur Monselet et sur
le baron Brisse, tout est perdu. Les restaurateurs ne
sont plus des artistes comme au « bon vieux temps ».

Pierre-Vidal

Ils n'ont plus d'imagination. Les cuisiniers ne travaillent plus vingt ans, comme autrefois, avant d'oser se produire. Les consommateurs ne sont plus des gourmets. Les sauces sont manquées, les viandes mal cuites, les vins suspects. Et puis il y a le fourneau à charbon de terre qui cuit tout trop vite.

Et ces Jérémies lèvent les yeux et les bras au ciel, invoquant les mânes de Méot et de Beauvilliers.

Il y a toujours un fond de vrai dans tout. Nous admettons sans difficulté que nos pères ont dû manger fort bien chez Véry, chez les Frères Provençaux, et au Rocher de Cancale. Cependant, ayons de la méfiance! Nous n'avons point goûté à ce que Carême appelle la « mâle » cuisine du premier Empire (l'Empire! âge d'or du restaurateur!); mais il est permis d'être sceptique et de montrer quelque terreur à l'égard de cette belle cuisine française fortement architecturée, dont parle précisément Carême : de ces darnes de saumon à bordure de beurre rose tendre, de ces tronçons d'anguille à bordure de beurre à la ravigote vert tendre, de ces chauds-froids de poulets à garnitures de racines, de ces longes de veau étincelantes de gelée à diverses nuances. On peut entrevoir là quelque chose de « dressé » à outrance, de monstrueusement « tripatouillé ». Mais oui, mâle, cette cuisine manipulée qui laisse deviner d'innombrables doigts de marmitons beurrant des moules!

Cela nous raccommode avec l'éternel chateaubriand, le simple perdreau, et autres mets non manufacturés.

Notre temps a évolué, très certainement, vers une cuisine moins saucière et plutôt caractérisée par la qualité et la pureté de la matière première, des substances, des poissons, viandes, gibiers, truffes, fruits, etc., que par la main-d'œuvre. Le règne de la quenelle et autres boulettes mâchées est passé. Pour la question des vins, laissons se lamenter nos connaisseurs; elle n'a aucune importance si nous réfléchissons que jamais un Parisien, quel qu'il soit, en dépit de ses prétentions, n'a rien entendu à aucune espèce de vin. La poussière extérieure des bouteilles, et les simagrées des sommeliers pour avoir l'air de ne pas remuer le vin, lui suffisent.

Déjeuners de Vernissages.

Ces déjeuners-là sont essentiellement parisiens, et de deux sortes, depuis que nous avons deux Salons.

Malgré les plus intimidateurs avertissements de l'atmosphère, malgré la pluie, ou la bise qui glace les thyrses des marronniers le long des Champs-Élysées et les fait ressembler, thyrses infortunés, à des ornements pour catafalques de jeunes filles, le vernissage du 30 avril — (on sait que le 1er mai est maintenant réservé aux manifestants des Trois-Huit et aux concentrations de troupes dans le Palais de l'Industrie) — demeure une ouverture de printemps. Le veston léger, de couleur claire, semble obligatoirement indiqué pour ces messieurs, de même que le corsage nouveau et le chapeau de soleil pour ces dames et damoiselles.

Un tohu-bohu-cohue chez Ledoyen, à côté de la Halle aux Peintres! Qui peut jamais être bien assuré de ce qu'il mangera, entre midi et deux heures, dans ce restaurant « artistique », ou même s'il pourra manger? Qu'importe? il faut être là. C'est pourquoi les avisés retiennent leur place, afin de serrer la main de celui-ci, guetter un compliment de celui-là.

Les figures, exaspérées par tant de picturailles à peine entrevues à travers une course folle, par la migraine consécutive aux recherches extravagantes faites le long des cimaises, et par delà les hauteurs, afin de découvrir le chef-d'œuvre d'un ami, sont encore contractées; mais bientôt les rides se s'effacent, les colères se dissimulent, puis les yeux bridés par la fatigue s'élargissent en un sourire, les lèvres crispées par la poussière intense se distendent et s'humanisent. Les hommes veulent paraître bons, les femmes belles.

Tel est le miracle accompli chaque année par le restaurant Ledoyen et par sa truite sauce verte.

Tout Paris est ici représenté par deux douzaines d'auteurs dramatiques, qui en matière de peinture

connaissent à peine celle de Lavastre ou de Jambon;
par treize reporters chargés des faits-divers et des notes
d'audience; par un certain nombre de jolies femmes,
d'une allure particulière et qu'on ne voit que ce jour-là;
et par un lot de rastaquouères ou d'Anglais impavides.
Ce Tout-Paris non peintre a faim, et essaye de manger,
sous la tempête de lazzis et de calembredaines qu'une
multitude d'artistes restés rapins pour la galerie, et de
rapins qui posent à l'artiste, font pleuvoir à droite et à
gauche, devant et derrière.

Ce déjeuner, presque biblique à force d'être classé
parmi les cérémonies, n'a d'autre avantage, vers la fin,
que de permettre à de très vieux amis de se rencontrer,
et, tout en fumant un cigare, de se remémorer ce qu'ils
ont vu ou fait depuis un an. Car, si le Tout-Paris ordinaire se retrouve chaque soir en un théâtre où quelque
première agonise, c'est ici un tout autre Tout-Paris,
plein de figures inattendues, presque inédites.

Vingt jours après, autre Salon, autre vernissage. C'est
décidément le printemps. On déjeune à la Tour Eiffel.

Il a fallu arriver d'assez bonne heure.

On a pris l'ascenseur, avec cette instinctive crainte
qui agite le cœur, un peu, quand on se livre à des méca-
niques brutales malgré leur apparente douceur, quand
on abandonne son libre arbitre et tous ses moyens de

Pierre VIDAL

défense à des courroies sourdes, à des poulies aveugles,
à des mouvements inflexibles comme le Destin, et
capables, aussi bien que l'antique Fatum, de se livrer
sur les humains à de bizarres et sinistres plaisanteries.

Mais voici la plate-forme. On a retenu une baie, dans
le restaurant. Et tandis que l'on déchiquette les crevettes
et que l'on croque quelques radis, rien n'est comparable
au spectacle que l'on peut contempler du haut de ce
gigantesque Robinson. Paris étale ses lignes de rues et
de boulevards, son échiquier immense de places et de
monuments, échiquier au bas duquel évoluent, pions
minuscules, une foule d'êtres s'agitant comme s'ils
jouaient une interminable partie, dont les nombreux
« échec et mat » se voient d'ici, tout au loin, sous les
arbres du Père-Lachaise.

On peut bien philosopher un peu, quand on se
trouve si fort élevé au-dessus des passions humaines,
dans une Tour de Fer, auprès de laquelle la Tour
d'Ivoire des vieux sages, et même le promontoire de
Lucrèce (o suave mari magno...) ne sont que de modestes
échelles.

Mais, sur ces hauteurs, l'appétit ne tarde pas à
vaincre toute philosophie, et l'estomac de Rabelais
domine le cerveau de Schopenhauer. Puis, la brise et le
soleil se jouent à travers la mâture de ce vaisseau
immobile; on se sent près des nuages, et la côtelette

n'en devient que plus agréable, ainsi que les pommes
paille; il semble même qu'à ces hauteurs vertigineuses,
et si loin des caves, le bourgogne devienne authentique,
en se rapprochant ainsi des pays célestes où fleurissent
les comètes.

D'ailleurs, dès que le couteau a éventré les fromages
divers, et que la poire est déshabillée sur la pointe de
la fourchette, on laisse vagabonder ses yeux vers les
paysages lointains où la Seine courbe son grisâtre
ruban, vers les fraîches collines de Meudon et de Sèvres,
et vers maints pays qu'une brume dorée enveloppe, et
où ceux qui ont de bons yeux déclarent aux myopes qu'ils
découvrent Montlhéry peut-être, ou encore les confins de
la Normandie. Les Gascons ont seuls le droit d'apercevoir la mer à l'horizon, et ils ne s'en font pas faute.

Généralement l'addition est tout aussi élevée que le
monument : c'est ainsi que les dieux se vengent des
« modernes Icares » de la Tour Eiffel.

Et on se reconfie à l'ascenseur, et l'on descend, et
la tête déjà lourde du printemps et de la nourriture
de restaurant, on se replonge dans l'écrasement des
quarante mille invités de M. Puvis de Chavannes. Une
demi-heure après se produit un phénomène à stupéfier
les physiologistes : on a consommé, au déjeuner,
hors-d'œuvre, poisson, viande, fromage et dessert, et
l'on a une indigestion... de peinture!

Repas funéraire.

On est allé enterrer ce pauvre Ernest, le grand *Ernesse*, celui qui jouait si bien au billard, et qui, le dimanche, était le boute-en-train de toute la bande.

Pauvre Ernest ! un chaud et froid ! il a été enlevé en si peu de temps ! Ce que c'est que de nous !

Son beau-frère et son cousin mènent le deuil. Ils ont l'air très affligé, très digne.

On est parti de la maison mortuaire, rue des Vieux-Augustins ; sur le quai, le vent soufflait sur la Seine ; des nuages couvraient le ciel d'un voile grisâtre. On est passé par l'église : c'est sa sœur qui l'a voulu ! Ah ! lui, il s'en serait un peu fichu, de l'église ; mais sa sœur a dit qu'il le fallait absolument.

Ira-t-on jusqu'au cimetière ? Question grave ! Il ne s'agit de rien moins que de Saint-Ouen. Ce n'est pas au coin du quai, Saint-Ouen. Pour sûr ! il y a une trotte. Mais Jules, le meilleur ami du défunt, les yeux rouges, le nez gonflé de larmes, insiste : « On ira, on doit y aller ! Ben quoi ! puisqu'ils ont tous pris congé à l'usine, au magasin ou au bureau pour l'enterrement d'Ernest, ce ne serait vraiment pas chouette de le laisser en plan sur la route ! Il faut achever la conduite. »

Le cortège se forme donc : le beau-frère et le cousin

derrière le char, puis quatre ou cinq dames en longs
voiles noirs, et ensuite les vingt ou trente camarades,
tous ceux qui jouèrent à la manille, au rams, au polignac
avec Ernest, tous ceux qui firent la consommation en
cinquante points avec lui. Ils s'exhibent graves et
résignés; ils ont remis leurs chapeaux sur leurs têtes, et
se laissent saluer par la foule en même temps que le
mort. C'est un rôle, être salué sans répondre!

Les conversations à voix basse, très basse, ne roulent
d'abord que sur ce pauvre Ernest, sur sa sœur, son
beau-frère et le cousin, qui, lui aussi, est un garçon
fort gai, mais qui a pourtant bien du chagrin. Peu à peu
la marche et l'air vif réveillant les cerveaux, on passe à
d'autres sujets; on parle du bureau, de l'usine, de l'atelier, des injustices et des rosseries qui s'y commettent;
on débine les chefs. Puis on en vient à jaser du cabaret
où l'on se réunit, des bonnes blagues qu'on y a faites ou
dites avec Ernest, et déjà le souvenir d'Ernest sort des
pompes funèbres où il se trouvait momentanément pour
revenir à une couleur moins obscure, dans un décor
plus en rapport avec son caractère. On dit bien encore :
« Pauvre Ernest! » mais quelques-uns profèrent déjà,
presque gais : « Ce diable d'Ernest! »

La conversation se développe de plus en plus, les
voix s'élèvent; quelques raseurs ont fui par les rues
latérales; on est plus entre soi, entre copains du mort.

— Après tout, s'il était là, il rigolerait fichtrement lui-même. Pour sûr, qu'il rigolerait!

Il y en a un qui lance à mi-voix une plaisanterie :

— Je mordrais bien dans un verre de vin! fait-il.

— Patience! mon vieux, ça va *viendre!* répond un autre, non moins facétieux.

Maintenant le cortège va un peu à la débandade. Le cousin et le beau-frère parlent posément affaires; il faut bien régler tous ces frais. Qu'est-ce qu'il laisse, Ernest? Deux mois à son bureau et quelques petites économies, un livret de Caisse d'Épargne.

Les femmes, toujours taciturnes, restent en groupe compact, marchant régulièrement.

Mais les vingt-cinq camarades se sont un peu espacés; il en est qui suivent le convoi sur le trottoir, à cause de la boue qui colle sur la chaussée.

Enfin on arrive à Saint-Ouen. Le mort est descendu dans son dernier refuge; on jette les bouquets et les couronnes sur la bière, et aussi des pelletées de terre. Chapeau bas, chacun écoute les sanglots déchirants de la sœur, on serre la main au beau-frère, au cousin, à l'ami Jules, et aux dames voilées de noir.

Puis on dessine un mouvement de départ. Des zélés entourent la famille : « Allons, venez, venez, il ne faut pas rester là, c'est inutile! vous vous ferez du mal! »

A la sortie du cimetière, l'avant-garde avise le

marchand de vin qui s'intitule : *Au dernier Adieu,* ou
Au Rendez-vous des Funérailles. On y pousse la famille,
les invités s'assoient : « Voyons! voyons! il faut se
faire une raison! il faut manger! si ce pauvre Ernest
était là il le dirait lui-même! »

Et bientôt les litres de vin blanc et de vin rouge
encadrent un énorme morceau de fromage et un pain de
quatre livres. Les plus pressés n'attendent pas même les
assiettes. Le beau-frère et le cousin ne se font pas trop
prier; mais la sœur résiste. On lui dit : « Prenez quelque
chose de chaud! du punch! — Non, rien, rien! »

Mais lorsque toute la troupe s'est mise à mastiquer de
bel appétit et à boire sec, elle se décide aussi.

Quand les liqueurs arrivent, après un café général,
on pleure encore Ernest, mais le vin n'est pas étranger à
cet attendrissement. Les morts vont vite!

A la Bibliothèque Nationale.

Le dernier mot du progrès, et qui prouve que, décidément, nous renonçons à de vieilles idées arriérées et
commençons à comprendre les nécessités de la vie :

On a fini — cela est invraisemblable, mais cela
est — par s'apercevoir que, sur mille personnes qui
viennent passer leur journée à la Bibliothèque Nationale

pour travailler, il pouvait peut-être s'en rencontrer quelques-unes qui, à midi, seraient prises de faim et éprouveraient le besoin de consommer, vivement et sans s'éloigner des livres, le sommaire et rapide déjeuner de l'homme de travail.

Sans doute la vraie consommation, à la Bibliothèque, c'est la tranche d'in-folio, l'émincé d'in-quarto, l'escalope d'in-octavo; le feuilleté d'in-douze. Les consommateurs sont de tout âge et de tout rang : jeunes filles et vieux savants, étudiants ou futurs archevêques; mais tous manifestent le même appétit pour ingurgiter les chapitres avec une hâte fébrile. Ils avalent terriblement. La salle de travail est pour eux le Café Anglais ou le Bouillon Duval de l'esprit.

Le cerveau dûment gavé; certaines inquiétudes se font sentir du côté de l'estomac. Pour les affamés physiques on a établi, dans le grand asile intellectuel, un compartiment séparé et à l'épreuve du feu. C'est là que, debout devant un petit bar; ou assis à l'une des cinq tables qui permettent un maximum de vingt consommateurs; on applique l'axiome : il faut manger pour vivre; axiome qui se résout ici par une addition d'un franc soixante.

Les fonctionnaires de la Bibliothèque, les gardiens de tant de trésors, — véritables vestales du manuscrit, du livre et de l'estampe, — daignent quelquefois descendre aux réalités et se restaurer dans ce réduit reluisant de propreté. Si je n'aperçois point M. Léopold Delisle, qui, logé à la Bibliothèque, déjeune chez lui, M. Thierry, l'aimable conservateur des imprimés, et son non moins aimable collègue des estampes, M. Duplessis, il me semble bien y voir, à côté du très accueillant M. Pauly, conservateur adjoint des imprimés et auteur savant de la *Bibliographie médicale,* il me semble voir, dis-je, le monocle inquisiteur de Pierre Vidal lui-même, pris en flagrant délit d'observation et de préméditation de dessin.

— Eh bien, Messieurs! voilà un repas modeste, sain, non alourdissant, et qui — le lieu est favorable pour nous reporter aux classiques latins — ne ressemble guère au festin de Trimalchion...

— Le festin de Trimalchion! Ah! n'en parlez plus! Ce n'est qu'un préjugé, ce repas soi-disant homérique qui avait le privilège d'effarer les universitaires de jadis et de les faire crier à la corruption. Comme si notre dix-neuvième siècle n'avait pas une littérature secrète, et des *Parnasses satiriques* à faire blêmir Pétrone, et même des journaux illustrés d'un raide... Et, pour Trimalchion, voulez-vous en avoir le cœur net? Condensez la célèbre description de Pétrone en un *menu,* ajoutez-y même une suggestive vignette de Rops, et Rome qui consomme (ô Couture!) ne donne que ceci :

Pierre VIDAL

DINER DE TRIMALCHION

PRÉLIMINAIRES

Bols d'eau frappée pour les mains. — Nettoiement des ongles de pieds.

HORS-D'ŒUVRE

Prunes de Syrie. — Graines de Grenades.

RELEVÉ

Esturgeon bâté, aux olives blanches et noires.

ENTRÉES

Loirs au miel et pavot.
Cervelas sur gril.
Becs-figues à la Trimalchion.

RÔTS

Zodiaque de mets des quatre saisons.
Financière de volaille grasse, tétine de truie, et lièvre au garum.
Sanglier en belle-vue, farçi de grives vivantes.
Cochons blancs cuits à la minute.
Galantine de poule aux œufs d'oie.

DESSERT

Pudding de grives aux noix et raisins secs.
Porc déguisé en oie grasse.

VINS

Vin miellé. Falerne première, du consulat d'Opimius.

— Et c'est tout?
— Rien de plus.

Aux Bords de la Seine.

Aux yeux du Parisien le déjeuner pris à la maison, le déjeuner du *home,* peut être une *occupation agréable,* mais ce ne sera jamais un *plaisir.*

Pour être un plaisir, le déjeuner doit se faire à la campagne, en imprévu, en voyage de découverte. Et voilà le Parisien — et sa Parisienne, — partis vers Poissy, ville de Meissonier et des pêcheurs à la ligne, ou vers Nogent, à moins que ce ne soit pour Asnières, ou pour Meudon. Ils veulent le restaurant « bord de l'eau », une table sur la terrasse, d'où l'on puisse écouter le bruissement intermittent des feuillages sous la brise qui passe, et voir couler, on ne peut pas dire l'eau, mais ce liquide infâme à couleur de chocolat, que les géographes appellent la Seine, et le titi, du « jus de macchabées ».

— Garçon, qu'avez-vous à nous donner?

— Monsieur et Madame veulent-ils une petite friture?

— Naturellement. Et après?

— Un petit lapin?

— Jamais de la vie!

— Un petit poulet chasseur?

— Peut-être. Et des pommes frites.

La dame hasarde cette pensée :

— Est-ce que vous ne pourriez pas nous servir une friture sortant de l'eau, là, sous nos yeux. Un bon coup de filet? Allons, n'est-ce pas?

— C'est facile, réplique le Contesenne quelconque (ils sont tous un peu de la famille Contesenne, dans cette partie). Notre pêcheur (et il accentue le *notre*) est là-bas sous les arbres, près de l'île. Tenez, voyez.

En effet, un bateau suit le courant, les avirons font jaillir des étincelles dans l'eau.

— Ohé! Joseph, la friture! crie le patron.

— Bon! crie l'homme.

Et il jette une fois, deux fois, trois fois son filet.

— Il ne doit pas y avoir grand'chose, dit le monsieur qui a de bons yeux et n'aperçoit qu'une vase abjecte.

La dame avise sa face-à-main, et déclare qu'elle voit remuer des poissons d'argent.

Mais là, derrière la terrasse, en un recoin d'eau dormante, se trouve un vieux bateau de pêche, orné d'une boîte pleine d'eau qui s'appelle la *boutique* et dans laquelle frétillent les goujons et les ablettes, pris la veille ou l'avant-veille, peut-être amenés de fort loin, et qui attendent là l'heure sinistre de la friture.

Le patron a vite fait de cueillir à pleines mains ou dans une écope la quantité de poissons qu'il faut pour monsieur et madame.

Le pêcheur revient lentement vers la maison, fait

semblant de remettre au patron le produit d'une pêche plus ou moins miraculeuse, et regagne l'îlot.

Pendant ce temps les poissons condamnés, roulés dans la farine, sont précipités dans l'huile bouillante.

On les sert bientôt sur la serviette, tout dorés de ton, recroquevillés, et emperlés de sel.

Par là-dessus une bouteille de reginglard, ce vin de Suresnes ou d'Argenteuil, léger, diurétique, parfois même purgatif, mais qui a le don, sous le soleil du printemps, de bien mettre une gaîté dans les parisiennes cervelles, amoureuses d'un changement.

Ce reginglard semble alors meilleur que tous les mâcons de la famille et que les haut-sauternes des grandes occasions, de même que ces goujons empuantis par l'eau de Seine apparaissent préférables à la truite exquise sans doute, mais qu'on n'a pas vu pêcher, et qui vient simplement des Halles.

Cela finit tout de même par vous peser sur la tête, tandis que l'estomac sent la brûlure de la pointe d'ail mise dans le poulet chasseur.

Soudain, voilà qu'au dessert passent, lentement emportés au fil de l'eau, un nombre incalculable de brins de paille, copeaux, résidus variés ; puis une flotte de bouchons, tous les bouchons de tous les reginglards de toutes les guinguettes qui bordent la Seine. Puis, ceci se corse, un chien crevé, puis deux, trois, quatre,

Pierre Vidal

cinq, dix... Une horde de chiens crevés, ô Baudelaire!

C'est que l'éclusier de Suresnes vient de relever le niveau des vannes, et la montée de l'eau a décroché des bords tout ce qui pouvait y adhérer de charognes et de détritus.

Ceci n'empêchera pas le Parisien et la Parisienne de revenir à la prochaine occasion, pris d'un accès de poésie champêtre. *O bouchon! O chien crevé! quando te aspiciam!*

A Saint-Lazare.

Parisienne de Paris ou d'ailleurs, qui en avez trop souvent fait, de ces déjeuners à la campagne, avec un Parisien trop souvent renouvelé, voyez, petite écervelée, où quelquefois cela mène.

Entrez, avant que le grand dévorateur Paris ne l'ait digéré et remplacé par une floraison de maisons neuves, entrez dans ce vieux bâtiment de Saint-Lazare.

Voici le réfectoire, à deux heures; l'heure où les détenues consomment, sous la surveillance de sœurs au voile noir couvrant un voile bleu. Voyez ces rangées de robes en laine brune à petites rayures noires, de tabliers de coton bleu, de mouchoirs en coton violacé noués sur les épaules, de bonnets en laine lie-de-vin que les femmes, dont on ne coupe plus les cheveux, arrangent sur leur tête plus ou moins coquettement.

Le repas strict se compose d'une gamelle de soupe et légumes et d'un broc de tisane (sinon dépurative, au moins calmante) de réglisse, qui se boit dans un gobelet.

Dans un coin de la salle, un groupe de détenues chantent, accompagnées par un orgue, sous la direction de l'une d'elles, ci-devant cantatrice d'un théâtre de province, jolie fille condamnée à deux ans de prison pour avoir donné de très mauvais conseils à sa petite sœur...

Vous êtes distraite, Parisienne! Votre œil cherche, perdu dans le vide! Vous regardez cent ans en arrière. Vous pensez que vous êtes à la Maison Lazare, et que l'année présente, elle aussi, s'appelle quatre-vingt-treize. Et vous songez à celles qui, il y a cent ans juste, étaient ici, s'exerçant au jeu de la guillotine... Vous pâlissez, vous allez défaillir. Vous venez d'entendre un sourd roulement, et comme le bruit des sinistres charrettes...

Allons, revenez à la réalité. Ces charrettes ne sont que les lourds omnibus écrasant le pavé (et guillotinant quelquefois les citoyens qui leur tombent sous la roue), ou les tramways courant sur les rails du boulevard Magenta; ou la voiture cellulaire, le *panier à salade* (la moderne charrette des condamnés), panier de consommation, de nom du moins, et pas trop féroce. Ce roulement continu n'est que le bruit permanent de la grande ville, heureuse de respirer, de travailler, et de consommer.

Car c'est en mil-huit-cent-quatre-vingt-treize que nous

Pierre VIDAL

sommes, et quoi qu'en disent les amers politiciens, il y
fait assez bon vivre !

Trêve d'ailleurs aux réminiscences d'Alfred de Vigny
et de *Stello*. Nous *sons* sous un Bruant ennemi de la
fraude et des périphrases; il ne s'agit plus ici d'André
Chénier et de la jeune captive, mais de la très moderne
détenue qui écrit à son Polyte, lequel est un Alphonse :

> *C'est d'la prison que je t'écris,*
> *Mon pauv'Polyte...*
> *Va-t'en trouver la grand'Nana,*
> *Dis que j'la prie*
> *D'casquer pour moi, j'y rendrai ça*
> *A la sortie...*
> *Et pis, mon p'tit loup, bois pas trop,*
> *Tu sais qu't'es teigne,*
> *Et qu'quand t'as un p'tit coup de sirop*
> *Tu fous la beigne...*

Oh ! monsieur Polyte, que vous avez donc la consommation mauvaise ! Mais nous connaissons nos auteurs
et nous savons qu'un de ces jours vous irez consommer
des gourganes à la Nouvelle, à moins qu'un matin nous
ne vous voyions sous la lunette,

> *...éternuer dans l'sac*
> *A la Roquette.*

La Soupe au Dépôt.

Pour le quart d'heure, Polyte n'en est encore qu'à la
première station de la voie douloureuse que parcourent

dans le châtiment ceux qui ont consommé... le crime. Le
voilà au Dépôt de la Préfecture de Police, attendant que
M. Bertillon l'anthropométrise et le photographie, et
que M. Atthalin, ou M. Franqueville, ou M. Doppfer, le
juge d'instruction, le « curieux », l'interroge.

Là, il consommera une soupe qui, après tout, n'est
point inférieure à celle des hôpitaux, — et des soldats.

Sur le coup de trois heures se formeront quatre
monômes successifs : les *vieillards,* qui sont dans une
cour à part; les *enfants,* aussi dans une cour spéciale, et
qu'on ne mêle point aux hommes faits (Macé vous dirait
pourquoi); puis les *hommes;* enfin les *habits noirs,* le
« gratin » de l'endroit, comme qui dirait les panamistes.
Chaque monôme tourne par un étroit couloir circulaire
et vient défiler de telle sorte qu'au passage tout détenu
reçoit une cuiller de bois et une gamelle de haricots.

La même promenade recommence dans le même ordre,
mais en sens inverse, au bout de dix minutes, pour rap-
porter gamelles et cuillers, quand la pitance a été absorbée
dans les cours.

Tandis que les vagabonds et les escarpes dévorent ce
repas rudimentaire sans rien de plus, les prisonniers
privilégiés et cossus y ajoutent, en payant, le plaisir de
consommer quelques douceurs et plats sérieux.

Pour se rattraper, les escarpes et vagabonds cherchaient
jadis à s'offrir « la purée », c'est-à-dire à *tremper une*

Pierre VIDAL

soupe, à écraser presque contre un mur un codétenu, un *camaro* soupçonné d'avoir *mangé le morceau,* ce qui est une consommation très mal vue de ces messieurs. Mais la purée d'escarpe, la « presse », est devenue rare, étant donné les trop difficiles conditions dans lesquelles se trouvent ici les cuisiniers, fort activement surveillés.

La consommation la plus recherchée en ces lieux, c'est le tabac. Consommation interdite, ce qui n'empêche pas la plupart des prisonniers de se procurer la chique ou la cigarette avec une habileté qui déroute toutes les mesures. Mais souvent même cette douceur suprême leur est facilitée par la complicité officieuse de la justice, en échange d'aveux ou d'indications utiles. Cette complaisance et, affirme-t-on, d'autres bien plus singulières, ont ainsi remplacé la torture, et donnent les mêmes résultats.

Nota. — Quand la police offre la cigarette au détenu, ce n'est pas ce qu'on appelle le « passer à tabac ». Passer à tabac signifie, en consommation de réclusionniste : « coller un paing ».

Mettez deux sous.

Encombrer Paris d'édicules est actuellement le dernier mot de l'invention, du goût, et de la propreté chez nos « édiles ».

Chalets dits de nécessité, vespasiennes monumentales, rambuteaux perfectionnés, multipliés de façon incalculable; car le génie impatient de notre race ne souffre, en certaine matière, aucun retard. Sans cela, gare aux murs, et nos compatriotes sans retenue expulseront le superflu de la consommation « partout », sans plus de formes de procès que les petits chiens des *Plaideurs*.

Des chevaliers français tel est le caractère.

Kiosques à journaux ou à marchandes de fleurs.

Baraques d'attente pour omnibus.

Auvents des magasins et marquises des théâtres : édicules surplombants.

Étalages sur la voie publique : édicules encombrants.

Boîtes de commissionnaires : édicules portatifs; et charrettes à bras poussées par les marchands des quatre saisons : édicules ambulants.

Colonnes Morris, portant les affiches des spectacles : édicules excitants, fort appréciés du Parisien, lequel, en dépit de tous les dires, est toujours fou du théâtre.

Édicules de consommation : bar au bord du trottoir (ci-devant *Trink-hall*), et une vieille connaissance à nous, la fontaine Wallace.

Voici la série des « Mettez deux sous ».

Mettez deux sous et des bascules automatiques, en nombre insensé, s'offriront à vous dire votre poids.

Montez sur l'instrument, insinuez dans la fente insatiable votre pièce de dix centimes, et l'aiguille, tournant autour du cadran, vous apprendra, ô hommes déjà mûrs, ou femmes jeunes encore, si l'embonpoint vous menace ! *Qui souvent se pèse, bien se porte,* énonce en manière de devise le goulu et insidieux appareil.

Non loin de là, monsieur Toto et mademoiselle Lili se sont aperçus qu'il est trois heures : l'heure où les enfants bien élevés en vue des difficultés de la vie, goûtent, quelle que soit leur condition, avec un morceau de pain, et les enfants gâtés, avec des friandises. Mademoiselle Lili et monsieur Toto sont évidemment gâtés, car ils ont avisé une petite colonne généralement peinte en rouge, ornée d'une mince ouverture, minuscule boîte aux lettres au-dessus de laquelle on lit l'éternel : *Mettez deux sous,* et tirent la poignée ; en conséquence de quoi les petits gourmands récoltent, soit une minusculissime tablette de chocolat, soit un fragment de nougat, ou un semblant de bonbons. Le tour est joué : moyennant la fourniture d'une fictive consommation, c'est l'appareil, l'appareil dévorateur de décimes, qui a consommé. Si bien qu'à force d'avaler deux sous sur deux sous, la Compagnie des *Mettez deux sous,* en fin de compte, aura fait sortir de la poche du riche et du pauvre monde « la forte somme » qui s'élève par mois à *soixante-dix mille francs !* habituant en outre à consommer, dès l'enfance, la population des gamins et des gamines. Après quoi, devenus grands, monsieur Toto ingurgitera des bocks qui l'épaissiront, et mademoiselle Lili des gaufres et des babas qui l'engraisseront, préparant ainsi une clientèle au « Mettez deux sous » d'à côté, celui où l'on se pèse pour vérifier de combien l'on a augmenté.

Mettez deux sous, et quelque diable tournant indiquera d'un doigt fatidique, sur un cadran, votre avenir : *tromperie, fortune, amour déçu,* etc. — Édicule ridicule.

Mettez deux sous, ô ménagères ! — ceci est le dernier « cri » et le dernier édicule, — et vous recueillerez automatiquement un seau d'eau chaude.

A quand la suite ?

Le soir *Mettez deux sous* devient un *Mettez dix sous,* au théâtre, dans l'étui fixé au dos du fauteuil qui est devant vous, et pour la représentation vous aurez une excellente jumelle, ou, si vous aimez mieux, *un pon lorgnette.*

Mettez dix sous, et par le *théâtrophone* vous entendrez un fragment de comédie ou d'opéra... pendant cinq minutes. Ceci met la soirée d'audition dans les vingt-cinq francs, pour ne rien voir ! Attendons, avant de glisser dix sous, l'invention du *théâtroscope,* qui nous montrera les actrices à distance.

Quand nous en serons au *Mettez un louis,* quelle volupté pourra bien en sortir ? Progrès et mystère !

Pierre VIDAL

La Brioche de la rue de la Lune.

Être mal élevé n'est point un privilège uniquement réservé à certains enfants des classes dites dirigeantes parce qu'elles ne dirigent rien. Si Toto et Lili ont exigé tout à l'heure des friandises et ont fait fonctionner le « Mettez deux sous », le petit Gugusse ou la petite Mélie sauront très bien exiger de leur mère, si elle passe sur le Boulevard à la hauteur de la Porte-Saint-Denis, ce que l'on pourrait appeler ici le « Mettez un sou » : la brioche de la rue de la Lune.

Pittoresque en diable, cette sombre rue de la Lune qui vient déboucher sur le Boulevard à la hauteur d'un entresol, en plein air : un vrai décor de théâtre dans un brouhaha singulier, fantaisiste.

Il y a là, à la tombée du jour, en hiver, surtout à l'époque du premier de l'an, une bousculade sous la lumière électrique. Un étranger passant en voiture sur le Boulevard, et apercevant subitement une sorte de rempart surmonté d'une grille, et derrière cette grille deux rez-de-chaussée vivement éclairés et encombrés d'une foule noire, et plus loin deux autres rez-de-chaussée à vitraux bizarres, d'un style orientalo-comique, à vitres rouges ou bleues, ne saurait guère ce que peut être cette rapide vision, pareille à une échappée sur quelque scène de féerie, de mélodrame, ou d'opéra-bouffe.

(Bouffe serait ici le mot exact dans le sens que l'argot attribue au verbe *bouffer*, et que les célèbres Beni-Bouffe-Toujours rendirent fameux, à l'enterrement de Victor Hugo, par le ridicule que cette étrange société vint inopinément jeter sur la queue du cortège).

Ce sont d'abord les deux boutiques de brioches dont le comptoir donne à même la rue : la brioche de la Lune, et sa concurrente la madeleine Jehanne. Il y eut naguère procès entre ces concurrents, et la brioche de la Lune, européennement connue sous ce titre, l'emporta sur sa cadette. La Lune, astre indivisible en l'occurrence, fut solennellement attribuée à la maison Lion, qui a posé l'effigie souriante de notre satellite sur les carreaux de son vitrage.

La voisine, renonçant aux brioches, s'est rejetée sur les madeleines.

Mais c'est de la brioche que veut tout ce peuple grouillant là, ces enfants et ces dames, et jusqu'à ces gros messieurs en chapeau à haute forme. Toutes les mains avides se tendent, toutes les bouches crient vers les demoiselles de comptoir, dont le feu de la vente rougit le visage. Elles sont trois : les Grâces ou les Parques ? Celle du milieu encaisse l'argent, les autres tendent les paquets. Une coupe la ficelle : c'est Atropos.

Pierre VIDAL

Et toujours les appels :

— Une brioche, deux brioches, trois brioches, douze brioches !

— Voici, monsieur; voici, madame.

— Une brioche à cinquante (centimes), une à soixante-quinze, une à un franc cinquante.

— Voici, monsieur; voici, madame.

— La monnaie sur cinq francs, dix francs.

— A qui la monnaie? Cinquante sur cinq.

— Voici, voici.

Les sacs de papier portant la célèbre marque sont saisis avidement, et les clients, pour les sauver des heurts mortels, élèvent au-dessus de leur tête ces paquets de fragiles brioches : pareils à ces pères qu'on voit dans les tableaux de déluges, tendant leur enfant vers le ciel, au-dessus des flots.

Et l'on entend des voix désespérées : « *N'y en a plus, faut attendre! oh! malheur! faut prendre des numéros comme aux omnibus!* »

A côté, un peu plus haut dans la rue de la Lune, une brasserie à femmes vient d'allumer ses lampes vertes, et un bock à trente y pourra faire glisser la brioche. Entre cette brasserie et la brioche, un cabinet à quinze, montrant sa devanture orientale à vitraux colorés, offre sa double rangée de boxes.

Admirable et complet microcosme !

24

Consommation au Corps-de-Garde.

Un des plus grands supplices connus, supplice classique, est celui de Tantale, qui à la moderne se définit :
avoir envie de consommer et ne pas pouvoir consommer.

Une des consommations les plus chères aux Français,
aux descendants des soldats de Philippe-Auguste, de
Duguesclin, de Jeanne d'Arc, du Balafré, du Béarnais, de
Condé, de Turenne, des Quatorze armées et de Napoléon,
est certes de régaler leur œil par la contemplation de
l'armée française.

Or, — invraisemblance inouïe ! — depuis que la
France paie un milliard par an de budget militaire,
depuis que tout le monde sert jusqu'à quarante-cinq ans,
depuis que l'effectif est, sur le papier, d'au moins trois
millions de soldats, Paris ne voit plus de soldats.

Dur sevrage ! non seulement il a fallu dire adieu aux
panaches, aux cordons, aux sabretaches, aux pelisses, aux
bandes d'or, aux plumets, aux bonnets à poil, aux tam-
bours-majors, aux sapeurs, aux cantinières, à tout ce qui
était le brillant, la gaieté, le pittoresque, l'entraînant
d'une armée, mais encore aux revues partielles et fré-
quentes dans les Champs-Élysées ou tout autre lieu
facilement abordable pour les populations, aux gardes
montantes, aux promenades militaires, parades si l'on

veut, mais qui mettent un peuple en contact et en com-
munion avec son armée, et lui font sauter le cœur de
fierté et d'espérance.

Il paraît que cela est fort inutile. L'armée travaille,
recluse et jalousement cachée à la caserne comme en un
harem, ou en un cloître. On n'a pas de temps à perdre à
nous la montrer.

Voilà pourquoi Paris, capitale d'un peuple guerrier
par essence et qui a fatalement de si grandes choses à
faire par les armes, est présentement la ville où l'on voit
le moins l'armée. Moins qu'à Londres même, où l'on
peut s'offrir quelques bonnets à poil de grenadiers
et la petite cérémonie quotidienne des horse-guards.

Pour voir des militaires à Paris, en dehors du 14
Juillet, il faut la mort d'un haut gradé. Alors quelques
centaines d'hommes sortent, viennent se ranger devant la
maison mortuaire, présentent les armes, font rrrrran,
tararaboum (un roulement de tambours et une ritour-
nelle de marche funèbre), puis demi-tour, et lâchant
cadavre, famille, cortège et tout, détalent au plus vite.
C'est le dernier mot du respect, et de la tenue, et de la
désinvolture. Autres occasions, la montée du poste à
l'Élysée ou à la Chambre, ou bien le départ pour l'exercice aux fortifications.

Enfin, vers cinq heures du soir, vous rencontrerez
peut-être quelques rares escouades en tenue de corvée

(familière tenue) qui, sous la conduite d'un caporal,
portent des corbeilles de pain de munition, des piles
de gamelles et un repas de sous-officier. C'est le
ravitaillement de quelques corps-de-garde pour la
consommation militaire du soir.

Les gamelles traversent Paris, font des six ou sept
kilomètres au pas pour aller de la caserne au poste, où
elles apportent une soupe devenue informe, semblable à
de la colle de pâte, et froide comme de la bave de
serpent. Si le temps est humide, la ration de sel, déposée
dans le creux du couvercle, arrive fondue.

Voici notre « corvée » au poste de la Banque; elle
pénètre dans ce corps-de-garde étroit, qu'en hiver un
poêle surchauffe à blanc, par les soins de la Banque
même. Pourquoi ce surchauffage assassinant? Parce que le
poêle, quitte à rôtir les soldats au rez-de-chaussée, est
chargé d'entretenir une chaleur douce dans les apparte-
ments du premier étage! Et, à côté, voici une cellule
noire (la Banque est un des rares postes d'officier); là
le sous-lieutenant de garde consomme un repas qui lui
est apporté, aux frais de la Banque, par un restaurant
voisin. Après quoi, il pourra se reposer et passer la nuit
dans le grand fauteuil, pièce de résistance du mobilier
de céans, à moins qu'il ne préfère se jeter sur le lit, au
risque d'être lui-même fortement consommé par les
hémiptères. Ah! quel plaisir d'être soldat!

Pierre VIDAL

Spectacle plus confortable : si vous entrez, à cette heure, au poste du Palais-de-Justice, vous y verrez la Garde Républicaine consommer d'une façon sérieuse et absorber son dîner après avoir assisté peut-être, muette et impassible, et aux premières loges, à quelque cause célèbre.

Que j'aime à voir autour de cette table (*air très connu*)... ces sous-officiers à l'air martial, à la moustache fière, et messieurs les gardes, à la tenue correcte, en pantalons bleus à bandes noires; ces tuniques bien coupées, ces buffleteries blanches, ces aiguillettes, ces shakos à large plaque, derniers restes de la tenue d'antan. Et je pense que demain je les rencontrerai se promenant, — entre un service commandé pour cause de désordres possibles, et l'audition d'un fragment de comédie, ou d'un quadrille au bal de l'Opéra, — je les rencontrerai, dis-je, portant incliné sur l'oreille le bicorne, le chapeau français, dernier vestige du temps où le soldat était habillé.

Dernier? Pourquoi dernier? Qui sait ce que nous verrons ou reverrons? Qui dit que nous ne serons pas repris d'une fringale de beaux uniformes, d'or, de pompons, de chamarres, même de bonnets à poil?

Impossible, criez-vous? — Bast! tout arrive.

Voici déjà que cette année ressuscite subitement l'épaulette, insigne par excellence du commandement.

Les brandebourgs de hussards pour les officiers d'infanterie ont fait leur temps. Voici l'épaulette! Et, du coup, le képi est menacé. A quand la coiffure habillée? Tout arrive!

Dîner sur l'Herbe.

L'été, dès cinq heures, commencent, au Bois et ailleurs, les premiers préparatifs des dîners sur l'herbe.

Manger sur l'herbe est un de ces rêves qu'avec le plus d'ardeur couve le Parisien. Il faut, pour le réaliser, la complicité du ciel : que le soleil luise, oh! mais, qu'il luise, non pas d'une de ces luisances somnolentes et obombrée de nuages qui ne disent rien qui vaille, mais d'une clarté solide, sans disgrâce possible. Le baromètre sera consulté; on ne le veut pas à *variable,* il doit atteindre sinon *beau fixe,* au moins *beau temps :* sans cela rien de fait. Le père de famille sait que l'herbe mouillée est fatale non seulement aux pantalons, mais aux crânes eux-mêmes, et que, par une mystérieuse et occulte concordance, quand le... l'assiette est refroidie, on attrape un rhume de cerveau. C'est ainsi.

Seulement, quand la capricieuse température de son climat séquanien veut bien s'y prêter, le Parisien avide de manger sur l'herbe ne connaît plus d'obstacles.

Cette funeste passion rend intrépide le petit bourgeois, et dans les cœurs populaires, confine à l'héroïsme.

J'ai vu un spectacle inoubliable. Un dimanche matin, ayant perdu ma route vers Alfortville, j'errais le long d'un mur interminable, sans rencontrer âme qui vive. Ce mur semblait se prolonger à l'infini sous un soleil ardent qui cuisait les pierres. De loin en loin un bec de gaz scellé dans la muraille m'indiquait seul que j'étais encore dans des parages à peu près civilisés.

A un endroit, pourtant, le mur paraissait s'infléchir. Oui, oui, il devait y avoir là un coin, devant quelque vieille porte condamnée; je voyais de loin qu'un peu d'herbe rare, une mousse vague ou plutôt une moisissure des pavés indiquait une oasis. Je m'approchai. Quelle ne fut pas ma stupeur en constatant que, sur un espace de trois mètres carrés, où il y avait effectivement de l'herbe, oh! une herbe récemment souillée par des ordures diverses, — un espace ridicule, mais que le renfoncement du mur rafraîchissait d'un peu d'ombre, — gisait une famille de cinq personnes occupée à dévorer, sur des papiers transformés en assiettes, un restant de gigot et des fruits variés! Un déjeuner sur l'herbe! Quelle herbe!

Il y a eu, dit-on, à Fontainebleau, des déjeuners sur l'herbe où le mets impérial était un grand pain coupé en deux dont on enlevait la mie, aussitôt remplacée par une omelette soit aux truffes, soit aux artichauts, soit au lard; on refermait le pain, on l'enveloppait refroidi, et au lieu d'arrivée on le coupait à larges tranches, exquises, au dire des historiens bien informés. Ajoutez-y les traditionnels saucissons, pâtés, les viandes froides, poulets, les puddings, gâteaux, et aussi tout ce qu'il faut pour fabriquer une salade fraîche mêlée d'œufs durs, et vous aurez le menu d'un pompeux repas sur n'importe quelle herbe. Le chester et les fruits sont indiqués, et les vins à volonté. Les bouchons de champagne aiment à sauter sous les arbres, ne les en empêchez point.

Mais, tout cela, c'est pour la haute, qui a des larbins, comme on dit.

Le petit bourgeois et sa bourgeoise préparent euxmêmes leur panier : il y a des pâtés ou du gigot, du poulet ou du veau froid, du bouillon peut-être, un pain énorme, des œufs durs, quatre ou cinq bouteilles d'un vin résistant à la marche et aux secousses, un de ces vins cyniques que rien ne trouble; peut-être encore du café froid, ou, raffinement de sybarite, une lampe à esprit-de-vin, et une cafetière *ad hoc* pour improviser le café; du rhum, de l'eau de Seltz.

Ils sont bien quatorze : le père, la mère, le grand collégien, les demoiselles, les jeunes fils, des amis, le petit dernier, et Azor.

Les voilà partis vers les lieux où l'herbe croît. O Ranelagh! combien en as-tu vu; et toi, Bois de Boulogne,

GILLOT.SC   Pierre VIDAL

aux environs de la Porte-Maillot et du pont de Suresnes ; et toi, Bois de Vincennes, combien en avez-vous vu de ces familles harassées de fatigue s'asseoir enfin à votre ombre, et *saucissonner*, comme a dit une chanson célèbre, sur vos pelouses bientôt graissées de vils papiers et de détritus, qui heureusement, dès le lendemain à l'aube, disparaîtront sous le coup de peigne admirable que reçoivent chaque jour nos promenades et nos bois !

Et au dessert, quelle heure de « rigolade » générale, et de jeu des « quatre coins » où ces demoiselles sont toutes rouges, échevelées, émues à force d'être prises et reprises en poussant de grands cris.

Quels sommes délicieux et vagues, esquissés ensuite en écoutant à travers un rêve les tramways lointains et le sifflet des trains de ceinture !

Seulement le retour est désastreux. Outre les paniers, les fioles, les fourchettes et les assiettes, il faut porter le petit dernier, qui, ayant mangé comme six, pèse trois kilos de plus que le matin.

Morne voyage vers les barrières. Et songer que le gabelou a encore l'audace de leur demander s'ils n'ont rien à déclarer. Ventre-saint-gris !

N. B. — Les aristos, pour les dîners sur l'herbe, ont une riche ressource : la voiture du magasin.

Chez le Pâtissier.

Curieux effet d'opposition. Les hommes, de cinq à sept, ont l'apéritif; les femmes, l'anti-apéritif. L'homme s'efforce de développer dès les premiers symptômes, d'exciter la faim, de la porter à son maximum pour le moment du dîner; la femme veut tuer dans son germe toute velléité d'appétit. Les hommes s'alignent aux terrasses des cafés; les femmes s'enferment chez le pâtissier. L'homme a l'absinthe, la femme le gâteau.

L'homme entre bien chez le pâtissier, mais seulement talonné par la faim : il y apporte des allures de dévorant; on voit qu'il est parti pour des affaires à neuf heures du matin, lesté seulement de deux œufs et de café, et que depuis il n'a pas pu déjeuner. Il engloutit à la hâte les pains au jambon, le verre de madère et se sauve.

La Parisienne, au contraire, est adorable de calme et de coquetterie pour croquer le gâteau du bout de ses quenottes, tout en relevant sa voilette, de la main gauche, sur le bout de son nez.

A moins que, saisie à l'improviste par un soupçon d'appétit en quelque quartier excentrique, elle n'ait été obligée d'entrer dans une de ces boulangeries-pâtisseries primitives, où elle sera bien forcée de prendre avec sa main gantée, mais en redressant toujours le cinquième doigt en l'air, la tarte à la frangipane, le flan, la madeleine, ou le gâteau de riz de lourde confection, seuls connus en cette officine archaïque. Que si elle demande un verre de bordeaux elle provoque d'abord l'étonnement de la boulangère, puis un colloque avec le boulanger, puis une descente à la cave, et enfin la venue d'une bouteille du vin très ordinaire que boivent d'habitude le boulanger et la boulangère : vin non pas plus travaillé, certes, mais plus acide que le bordeaux des pâtissiers selects. Il est vrai que la boulangère, habituée à mince clientèle, ne le lui compte humblement que cinq sous !

Les mille et une pâtisseries de rang moyen éparses dans la ville se ressemblent toutes. Sur un petit comptoir de marbre blanc, plusieurs rangées d'assiettes, contenant les petits gâteaux des types classiques : l'éclair au café et l'éclair au chocolat, le baba, qui est comme qui dirait le savarin tuyau-de-poêle, et le savarin, qui est un baba annelé ; les choux à la crème, les tartelettes, les nougats, enfin les tartes. Dans le petit tabernacle où est entretenue une chaleur éternelle, les bouchées aux huîtres ou à la volaille, les minuscules timbales de macaroni, les gâteaux de riz et les tartelettes au mélange de pommes et riz.

A la devanture, les grands gâteaux, qui peuvent se ramener à trois prototypes : 1° les tartes, aux cerises, aux abricots, aux poires, ou à la marmelade de pommes

couverte d'un grillage de pâte ; 2° les gâteaux à la crème :
le célèbre Saint-Honoré, à la crème cuite, avec son
crénelage de boules glacées; la Religieuse, qui n'est
qu'un agglomérat d'éclairs au café et au chocolat; le
Mont-Blanc, fait d'un vermiculé de purée de marrons
qui simule le rocher, sur lequel s'étale un névé de
crème à la Chantilly; 3° enfin, les pâtes génoises, épaisses
et couvertes d'un glaçage, d'un simple vernis aux goûts
variés, moka ou chocolat, etc., etc., avec aggravation de
tortillons et rocailles de beurre.

Au-dessus, les brioches, les babas, les gâteaux pour
soirées, les pâtés, les croûtes de timbale, et les modèles
de glace en fer-blanc peint.

C'est que le pâtissier est également cuisinier et porte
en ville. Par lui le dîner, le dîner d'apparat, jadis privilège
des trains de maisons princiers, a été mis désormais à la
portée de toutes les classes. Deux amphitryons, voulant
aujourd'hui rivaliser de luxe, n'ont qu'à s'écrier :

Eh bien! nous nous verrons seul à seul chez Charvin!

Ou chez Linck, ou chez Julien, ou chez Chiboust, ou
chez tout autre.

Talleyrand! Carême! voilez-vous!

Plus la pâtisserie est nouveau style, plus le lunch s'y
corse. Ce ne sont plus seulement les gâteaux à vingt-cinq
centimes, mais des matières plus substantielles : pains au

Pierre VIDAL

jambon et au foie gras, à vingt-cinq et trente centimes ; sandwichs au jambon, et pour les jours maigres, sand- wichs au poisson ; petites timbales, bouchées, vol-au- vent minuscules ; et les tables où, assise, la Parisienne consommera un consommé, un thé, un chocolat, à moins qu'elle ne déguste le frontignan ou le xérès, ou, comme en une certaine officine de la rue du Havre, le « muscat du diocèse de Carthage » (ô cardinal Lavigerie !).

Plus nous approchons de l'heure du dîner, plus la pâtisserie s'emplit. Dans la belle saison, à six heures et demie, la pâtisserie du « dernier cri » ou du « dernier bateau », avenue Victor-Hugo, est bondée de consom- mateurs qui montent au Bois ou en reviennent.

Dire : pâtisserie, n'est pas lui donner son vrai et entier titre : elle s'appelle *Pâtisserie - Confiserie - Glacier - Comestibles - Diners, lunchs, fêtes et soirées.* C'est le ma- gasin du *Louvre* ou du *Printemps* de la consommation. Voyez l'étalage. Première travée, les gâteaux. Deuxième travée, les bonbons. Troisième travée, la charcuterie. Quatrième travée, les comestibles, gibiers, fruits, etc. Sans compter les vins.

Voici que, entrée pour grignoter un ou deux gâteaux, la Parisienne — qui est généralement une Anglaise ou une Américaine — s'assied, mange du jambon, boit du champagne, et fait passer le tout avec une glace. Ceci, une demi-heure avant son dîner.

Pour ne point aggraver les choses, nous admettrons qu'elle n'a point croqué, avant de partir, quelques dragées prises dans la boîte à vignette que lui a envoyée une amie à l'occasion d'un baptême.

Et comme nous sommes en été, et non dans le mois qui suit le jour de l'an, nous admettrons encore que l'estomac, le faible petit estomac de la Parisienne, n'a reçu aucun supplément de travail pour assimilation de marrons glacés, ou de fondants et autres pâtes de sucre, triomphe de Boissier et de Gouache; ou de chocolats pralinés, triomphe de Marquis; ou de chocolats multiformes, et à imprévu interne, triomphe de Petit!

Un qui dîne mal.

Nouvelle antithèse. — A la porte du pâtissier, jetant un regard avide à travers les glaces de la devanture, se trouvaient tout à l'heure des miséreux, faux miséreux peut-être, et ouvreurs de portières importuns, mendiants suspects, mais auxquels on ne saurait refuser un sou pour du pain, quand on vient de se satisfaire soi-même à coups d'éclairs au café ou de bouchées à la reine.

Voici un de ces pauvres hères qui va descendre au quai; tout à coup il s'affale sur un banc et tire d'un papier graisseux quelques ronds de saucisson à l'ail, un peu de pain rassis et un œuf dur, qu'il se met à manger avec une

Pierre VIDAL

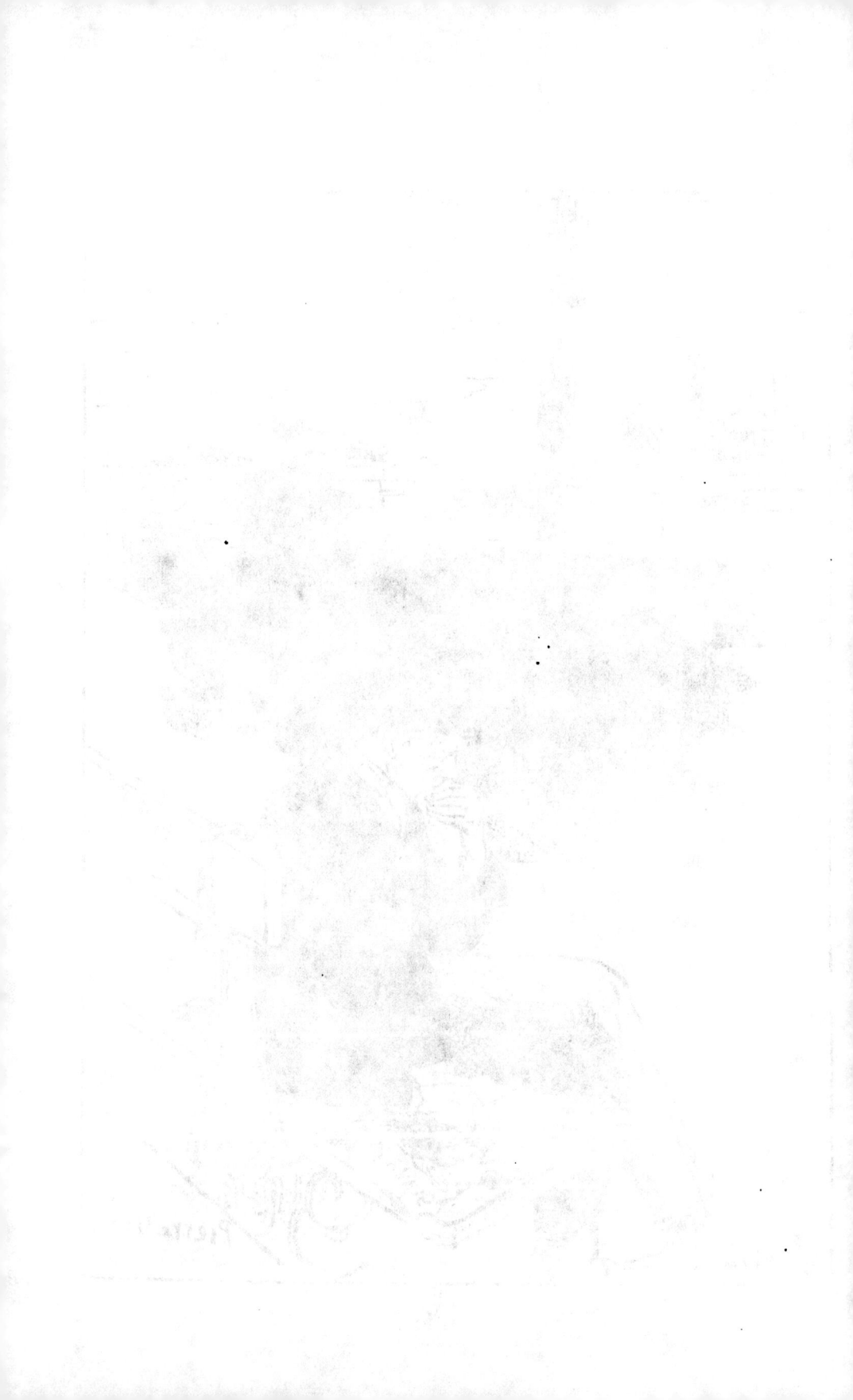

méditative lenteur, pleine du regret de voir disparaître trop vite la chétive provende!

Quel est-il, après tout, ce miséreux? Un ouvrier qui arrive à pied de la Normandie ou de la Gascogne et s'arrête là un instant, avant de reprendre sa course en quête de travail? O lutte pour la vie! *Struggle for life!*

Un pauvre diable que sa famille a jeté dans la rue? Un forçat évadé, ou quelque brave locataire expulsé?

Il mange triste, seul, et songe sans doute qu'après ce repas léger il aura la Wallace comme tonneau, quelque suspect dessous de pont pour alcôve ouverte à toutes les bises, et l'âpre perspective d'un dur lendemain.

Pourquoi ne va-t-il pas à l'Hospitalité de Nuit, où, du moins, un bain rafraîchirait ses membres, une soupe réchaufferait son estomac, et un lit le reposerait durant dix bonnes heures?

Est-il arrivé trop tard à la porte de l'établissement hospitalier? ou bien, ayant abusé des entrées, a-t-il été refusé? ou encore, ayant quelque méfait sur la conscience, n'ose-t-il pas se présenter dans ces maisons qui lui paraissent, bien à tort, des souricières de la police?

On ne sait.

Il mange lentement, sous l'œil investigateur du sergot, du *flic,* qui passe. Ce bon sergot ne comprend pas qu'on pollue avec des pelures et des journaux gras la voie publique, qui évidemment ne doit être salie que par le crottin des chevaux et les prospectus, et manger dans la rue lui semble une indécence à peu près égale à l'opération contraire.

Le pauvre hère, ayant fini, sent encore un creux vague à l'épigastre, et se demande s'il ira se jeter à l'eau, ou, ce qui serait infiniment préférable, s'il fera un mauvais sort, le *coup du père François,* à quelque nocturne passant : enfin il s'en va ailleurs, celui qui dîne mal, flairant d'un nez surexcité, devant les hôtels et les restaurants, les exquises odeurs des cuisines mises en effervescence pour Paris qui va dîner.

Tables d'hôte, Pensions de famille.

A sept heures pour la demie, cessation subite et totale de la consommation. Paris dîne. Paris mange. (Ceux qui peuvent et savent élever le dîner à la dignité de consommation, par le raffinement et le scandale du menu, ne commencent qu'une heure plus tard.)

Deux millions et demi de mâchoires fonctionnent, deux millions et demi de viscères s'emplissent!

Nous avons vu plus haut, avec « celui qui dîne mal » le premier degré du dîner.

Comme échantillon du dîner moyen, on peut prendre la table d'hôte avec son potage, son bœuf, son plat d'entrée, son rôti et son légume.

Quoi! la table d'hôte existe encore? la table d'hôte de l'inéluctable major et de Gaudissart?

Mais oui, elle fleurit! depuis le centre de Paris, depuis la rue du Mail où fonctionne Richardot et son filet de bœuf immortalisé par une affiche de Chéret, jusqu'aux extrémités, à Batignolles, aux Ternes, à Neuilly, à Passy, à Saint-Mandé, où elle pullule sous le nom modernisé de *Pension de Famille,* ou sous le nom anglaisé de *Family House.* On y trouve encore la grave patronne, on y voit des messieurs mûrs, petits rentiers, vieux employés, militaires en retraite, des femmes âgées et vénérables, quelques jeunes filles presque blettes; habitués logeant généralement dans la maison qui constitue une sorte d'hôtel avec une table où se réunissent des pensionnaires. Le fameux major s'y épanouit encore. Voici l'inamovible surtout de table, les fleurs artificielles; on y pourrait aussi voir, appendu au mur, le répertoire d'estampes qui a fait les délices du gouvernement de Juillet, et même le *Convoi du Pauvre* de Vigneron, cette image funèbre qui nous fait penser aux croque-morts et nous rappelle que ces messieurs, les « porteurs des pompes », appellent « saumon » un défunt riche, « hareng » un pauvre, « éperlan » un enfant, et que pour eux un enterrement est un « pot-au-feu », et un service de bout de l'an, un « pot-au-feu sans viande »!

Il est encore d'autres tables d'hôte que la pension de

famille, et plus modernes. Telle la table d'hôte du quartier Latin où ne s'installa jamais nul major, mais où trône quelque vieil étudiant de dixième année capable d'en remontrer en fait d'histoires, d'historiettes et de fumisteries au plus robuste Gaudissart. C'est lui qui demande, après tant d'années, au néophyte arrivé de province et qui se destine à la magistrature :

— Que font, en droit civil, les corneilles qui abattent des noix ?

Comme le débutant ne répond rien, le major-vétéran répond pour lui :

— Une corneille qui abat des noix, jeune ignorant, fait d'un bien immeuble un bien meuble !

C'est encore lui qui interroge le novice carabin :

— La stérilité est-elle héréditaire ?

Ce à quoi l'interpellé, ému par les nombreux verres de fine (ah ! quelle fine !), répond :

— Cela dépend !

Alors, avec sa grosse voix, l'étudiant de dixième année, le chef de la table d'hôte, déclare :

— Cela ne dépend pas. La stérilité ne peut pas plus être héréditaire, en médecine, que l'on ne peut en droit épouser la sœur de sa veuve !

Là-dessus, l'impétrant interloqué paie une tournée générale, ou de vieux bordeaux, ou de chartreuse, ou plus tard, durant la soirée, d'as de cœur dans des

Pierre VIDAL

établissements de consommation fortement numérotés.

En gravissant la butte des Martyrs, on trouve d'autres tables d'hôte ou d'hôtesse, où soudainement, le dîner fini, surgit à la place de la nappe blanche un tapis vert, sur lequel incontinent fleurissent les jeux de cartes. Il s'ensuit un effréné baccara, troublé, *passim,* par l'advenue du commissaire de police, attendu que la consommation de la dame de pique n'est licite que pour les hommes enclos dans des salons carrés illogiquement appelés « cercles ». Les hommes se livrent entre eux à cette passion égoïste et inféconde appelée le jeu.

Les femmes ont une contre-partie. Telle table d'hôte des Martyrs est bizarrement célèbre par sa clientèle féminine. Table d'hôte saphique, où viennent se réunir et se chercher les filles aux yeux d'or, et aux chairs éprouvées ou réprouvées. C'est, ô Baudelaire! la table d'hôte « aux fleurs du mal ».

Contraste! Tout à fait en haut, sur la butte, à côté du Sacré-Cœur, voici le « Restaurant des Pèlerins ».

Pour le coup, c'est l'étonnant de l'étonnant! La montagne du Moulin de la Galette transformée en lieu saint et de pèlerinage! Le Montmartre de Salis devenu une succursale de Lourdes!

Voltaire! Diderot! Helvétius! d'Holbach! Qui de vous l'eût prévu?

Vous voyez bien, encore une fois, que tout arrive!

Maintenant que nous sommes en haut, il faut redescendre. Revenons dans ce Paris qui a mangé, et qui, de nouveau, va consommer, consommer plus que jamais, tout le soir, et même toute la nuit. C'est huit heures, l'heure où commencent les dîners priés, les dîners de consommation.

On travaille à la lumière du jour : on ne s'amuse, on ne commence à vivre qu'à la lumière artificielle. Surgis donc, astre des nuits, ô gaz ou électricité! A ta clarté la Consommation va devenir l'auxiliaire de toutes les voluptés, ou bien, réciproquement, appeler à son aide, pour se faire accepter, toutes les provocations et la plus savante mise en scène!

TITRE III

LA MISE EN SCÈNE

A huit heures Tout-Paris dîne chez Tout-Paris.

Plus encore qu'au début du siècle, lorsque le peignait l'académicien de Jouy, un dîner prié est le comble de la « vieille gaieté française ». Et vous l'allez bien voir.

Le *processus* de cette cérémonie est fixe, stéréotypé, classique. L'Europe nous l'envie.

Trois semaines d'avance (quelle affaire!) vous avez reçu l'invitation, avec cet inévitable *R. S. V. P.* qui se traduit : *Si vous ne venez pas, dites-le vite, afin que nous en invitions d'autres, car l'essentiel est pour nous de tirer tout le parti possible de notre table.* Et vous avez répondu en acceptant l'*aimable* invitation *avec empressement;* ce qui signifie : *Quelle corvée! encore un dîner à rendre!*

Le jour venu, l'invitation portant sept heures et demie *précises,* vous avez ponctuellement passé une cravate blanche. Pour madame, c'est autrement grave, attendu que deux heures de dîner commandent autant de toilette qu'une nuit de bal. Elle a donc retenu son Lenthéric ou autre coiffeur favori, lequel, très pris, est venu en retard d'une heure. Autre retard provenant de la complication de la toilette. Enfin, à huit heures, huit heures dix, vous partez, un peu angoissé à l'idée de faire attendre. Huit heures vingt, on fait son entrée. O joie! on n'est pas les derniers, il manque encore trois ou quatre couples.

En arrivant, les dames se groupent, assises, près de la maîtresse de maison, échangent quelques banalités, analysent réciproquement les toilettes; toisant chaque nouvelle survenante de ce coup d'œil circulaire et enveloppant dont elles ont le secret, et qui va comme l'éclair de la pointe des pieds au sommet de l'aigrette. Grâce à la visite faite à cinq heures au pâtissier, ou bien à quelques sandwichs de bienfaisance absorbées au « Bazar de la Charité » ou autres ventes similaires, les femmes supportent l'attente.

Les hommes se pelotonnent et s'agglutinent les uns contre les autres en un coin, formant une masse noire, silencieuse, travaillée par la faim. Au milieu d'eux, le maître de maison, faisant des présentations, et tirant à demi de sa poche, avec l'allure mystérieuse d'un homme qui offrirait des cartes suspectes, un petit papier sur lequel il jette un coup d'œil furtif. Après quoi, s'approchant successivement de chacun de ses convives, il leur dit à l'oreille : « *Vous donnerez le bras à Madame une telle.* » Son petit papier est le *topo* de sa table, et l'amphitryon s'entremet ainsi pour combiner les rencontres fortuites qui peut-être auront d'ineffables résultats.

Enfin l'on est au complet et Madame est servie *très exactement* à huit heures et demie! Cérémonie de l'offre du bras, grand défilé grave et solennel, entrée dans la salle à manger où éclate une mise en scène splendide et du meilleur goût, dans laquelle les fleurs jouent de notre temps, grâce à la place libre laissée par l'adoption du service à la russe, un rôle suave et prépondérant. Placement des convives, qui tournent autour de la table, tout courbés, cherchant à lire leur nom au recto des menus posés sur les serviettes, et emboîtage desdits convives à coudes presque superposés, à peu près comme au temps de Boileau.

Coup d'œil rapide sur le menu, orné d'une vignette due à Chéret, Boutet, Gerbault, Robida, Pille ou Clairin. Les gourmands, les vrais, ceux qui veulent manger de tout, détaillent le menu *par le menu.*

Au point de vue quantité, le menu est d'un type aujourd'hui généralisé, à peu près unique, et accessible à tous par la multiplication des fortunes d'un côté, et de l'autre par l'aide extérieure, par le concours du pâtissier-cuisinier ou l'intervention d'un Potel *ex machina.* Toute

invitation à un dîner de vingt à trente couverts équivaut
à l'offre de consommer :

1° Un potage (à choisir sur deux);

2° Un hors-d'œuvre chaud;

3° Un relevé (poisson);

4° à 7° Quatre entrées, à sauces de couleurs variées
autant que possible : blanche, brune, rouge, rose;

8° Un sorbet (à choisir sur deux);

9° Un rôti chaud;

10° Un rôti froid;

11° Un entremets chaud (prononcez *légume*);

12° Un entremets froid (prononcez *salade*);

13° Un entremets sucré chaud;

14° Une glace, avec gaufrettes concomitantes;

15° Un fromage;

16° à 27° Une douzaine de desserts : gâteaux, fruits,
petits fours secs ou glacés, sucreries, fruits déguisés;

28° à 37° Une dizaine de vins : ordinaire en carafes,
madère au potage, yquem au poisson, deux bordeaux aux
entrées, deux bourgognes aux rôts, vin du Rhin, champagne, vin de dessert;

38° Une tasse de café;

39° Un petit verre de liqueur;

40° Et deux heures après, un verre d'orangeade ou
de punch.

Enfoncé, Trimalchion!

Au point de vue qualité, il faut rappeler ici ce principe fondamental d'esthétique : *En art, l'exécution seule compte.* Or, le menu, c'est bien le *sujet,* mais la qualité des mets, c'est *l'exécution.* Elle peut varier depuis l'exquis jusqu'au banal et au mauvais, au *tout-saucé-pareil!* depuis l'artiste qui respecte et maintient la beauté et la qualité propre de la matière première, ménageant ainsi une succession de saveurs distinctes, variées, habilement contrastées, jusqu'au gadrouilleur qui dénature tout en mousses et en écrasages, et ne travaille qu'avec deux éternels éléments sous la main : le foie gras d'un côté, et la bouteille de madère de l'autre. Foie gras dans tout, foie gras dans le hors-d'œuvre, foie gras dans les entrées, dans les timbales, les aspics et les turbans; foie gras dans le hachis de la volaille truffée; foie gras, si l'on peut ainsi parler, jusque dans le pâté de foie gras, qu'il éprouve le besoin de massacrer en le déguisant en buisson ou en coquille et en l'entourant de son infâme « mousse ». Madère partout! brunissant uniformément les sauces. Et encore : rognures de truffes partout : c'est le *périgueusage* universel! O Périgord, ô mon payss!!

Au point de vue agrément des convives, la gradation est celle-ci :

Le potage (*Brunoise* ou *Royale, Crécy* ou *Velours*) absorbé en silence. La faim est trop impérieuse.

Du hors-d'œuvre (*Tartelettes Pompadour, Croustades*

Agnès Sorel) il n'est fait qu'une bouchée, par le même motif.

Par ce motif encore, le poisson (*Truite saumonée véni-tienne, Filets de sole Mornay, Carpe Chateaubriand*) est favorablement et sérieusement accueilli.

*   *
*   *

Disons-le en passant : on a imaginé, pour être prodigieusement gai et précipiter les choses, de donner des dîners « en têtes », où, sur l'habit et la toilette actuels, on est tenu de s'affubler de perruques Louis XIV, toupets de clowns, barrettes à la Richelieu, plumes de sauvages, toques à la Charles IX, coiffures poudrées, etc. Les femmes ont le répertoire Pompadour, Pierrette, Arlequine, Folie, Colombine-en-deuil-d'Arlequin.

A l'arrivée l'effet est amusant, par l'imprévu. Au bout de cinq minutes, il est usé. Reste la gêne atroce des postiches et des maquillages, par la chaleur, avec l'odeur des teintures de rousses, au musc de goudron de houille.

Mais le dîner « en têtes » continue cependant à être fort amusant... pour les spectateurs, c'est-à-dire pour la domesticité, qui contraste par son sérieux et sa froideur digne avec ce carnaval dînatoire. Pour remettre les

BILLOTAD   Pierre VIDAL

choses au point, un mien ami, en ce cas, fait passer la figure de ses serviteurs au cirage, leur met des fers aux pieds et un anneau au nez. Cela rétablit les situations.

※
※ ※

Aux entrées (telles que *Filet de bœuf à la Godard, Selle de renne moscovite, Jambon d'York aux niocchi, Poulardes truffées braisées à l'étuvée, Homard à l'américaine, Timbale de queues d'écrevisses à la Nantua, Aspic de grives des Alpes, Cuissot de chevreuil à la Nemrod,* — une jolie manière de dire chevreuil *chasseur,* — *Côtelettes de volailles périgourdines, Chaud-Froid de mauviettes, Œufs de vanneau à la Néva,* etc. etc., légère détente ; commencement des conversations : voisins et voisines cherchent un terrain commun, une entrée en matière. Bruit modéré. A l'arrivée de la pièce à sensation, obligation absolue de se récrier, et compliments à la maîtresse de maison sur la beauté de son dîner.

Aux sorbets (*Punch à la romaine, Spoom au champagne*) suite de la détente ; le bruit des conversations monte comme le thermomètre. Salle à manger et convives s'échauffent, positivement !

Avec ou sans têtes, le dîner, aux rôts (*Poulardes truffées, Hérisson de foies gras glacés*) s'anime : chacun a lié

partie avec sa voisine (méditer Brillat-Savarin et l'effet
de la truffe); les estomacs sont satisfaits, la température
monte encore. Tout le monde parle à la fois. C'est une
volière de perroquets.

Donc, la suite (*Asperges à la crème, Petits Pois à la française, Cardons à la moelle, Salade russe*) n'a aucun succès.
On n'a plus faim. Inutilement aussi est proposé à l'oreille le
dilemme : *Pontet-Canet ou Chambertin? Château-Quelconque
ou Clos-de-n'importe-Qui?* Les hommes boivent peu ; les
femmes point. Quelques-unes, même, ont mis à plat leur
verre à champagne : signe qu'elles ne se laissent point
tenter par les séductions de ce vin émoustillant.

Ici, théoriquement, le dîner est fini. Dans la pratique,
au contraire, un second dîner commence, aussi long que
le premier, à partir de la glace (dont le nom varie chaque
année pour prendre celui d'un personnage de la dernière
pièce en vogue, devenant tour à tour *Nélusko, Dora,
Fédora, Théodora, Strogoff, Mascotte, Tosca, Miss Helyett,*
et ainsi de suite). On est amené tout naturellement à
causer théâtre : ressource infinie et toujours saisie par le
Parisien avec un plaisir sincère.

Quelques hommes se *désucrent* en osant toucher au
fromage, enfoncer le couteau dans le *Camembert* ou plon-
ger la tarière dans le *Stilton.*

Puis c'est la circulation des desserts (*Baba, Brioche
mousseline, Croquembouche, Nougat, Quartiers de pommes et*

poires, Raisin, Mandarines, Ananas, Tuiles aux amandes, Croquettes noisette, Fours variés, Cerises, Noix et Marrons déguisés avec une mise en scène de petits papiers plissés, etc. etc.). C'est l'heureux moment de la soirée. On ne mange plus, on grignote ou on chipote ; mais enfin les connaissances sont faites, les liaisons établies. Plus d'un ici, avec le tempérament essentiellement *jalonneur* du Français, se laisse aller aux plus coupables espoirs, et ne se contentant pas de manger des douceurs, en dit, ayant pour excuse la haute élévation de la température ambiante, et pour complice le vacarme des conversations qui couvre son audace. Tout va bien...

Grand bruit de chaises. Tout est fini ! Les dames se hâtent de remettre leurs gants. Reprocession, rentrée dans l'air plus pur et plus frais du salon. Du coup, le thermomètre de la gaieté croule de quarante degrés. De nouveau, une correction et un silence de glace.

Alors la maîtresse de maison, — avec ses amies qui l'aident, — a la grâce suprême et l'extrême dévouement de servir café et liqueurs à ces brigands d'hommes, qui, la dernière goutte de kummel ou de chartreuse absorbée, s'empressent de « lâcher ces dames » pour aller fumer.

Livrées à elles-mêmes, les infortunées pratiquent une triste consommation : elles avalent leur langue. Sur elles s'épand un immense ennui, que ne dissipe point un essai pénible de conversation sur les cours des enfants ou les ennuis de domestiques. Si d'aventure un homme non fumeur et craignant l'odeur du tabac reste avec elles ou leur revient prématurément, il est accueilli avec une satisfaction et un enchantement marqués. Pendant un moment il pourra se croire un sultan.

Une heure après, rentrée de ces messieurs qui ont fumé, dit leur contingent de gaudrioles, vidé leur sac de potins de cercle. Ils arrivent, diminués des célibataires qui ont filé à l'anglaise. Horreur! ils puent, ils infectent l'âcre odeur de la fumée de cigare dans le drap des habits. Ils empestent le salon.

On *causotte;* on essaie, pour la forme, de ranimer les cendres de la conversation, l'œil sur la pendule. Le thé, le punch, l'orangeade, sont servis. Soudain, sur un signal venu on ne sait d'où, tous se lèvent à la fois, remercient avec effusion, et s'en vont.

*
* *

Le XIXe Siècle finissant s'est cependant ému de l'ennui des dîners tout secs, sans rien après, et un travail de longueur s'est fait dans nos mœurs pour arriver à tirer parti agréablement de la soirée. On a d'abord utilisé à cet effet le talent de pianiste des invités. Puis quelqu'un de ces messieurs a dit des vers : invariablement le *Liseron et la Fauvette* de Coppée, et encore le *Vase brisé* de Sully Prudhomme. Puis on a eu la ressource très précieuse et variée du monologue, du *monocoquelogue*. Puis on a fait venir de vrais musiciens et de vrais acteurs, des lanternes magiques et des pupazzi; on a organisé concerts et représentations : et maintenant distraire et amuser ses convives par un spectacle consécutif est devenu, par ordre de la mode, une condition presque absolue et sous-entendue d'avance du dîner prié.

Alors, au retour du fumoir, les hommes trouvent au salon une collection de nouvelles figures venues pour la soirée seulement. Il faut quelque temps avant de rompre la glace entre les gavés-enfumés et les derniers arrivés, qu'on nomme familièrement « invités en cure-dents ».

Le spectacle appelle la consommation. Il motive un buffet, où les gens qui ont absorbé de huit et demie à dix et demie les quarante numéros précités repiquent sur le champagne et le café glacé, la marquise et l'orangeade, les glaces, le chocolat, le thé et les gâteaux.

Effroyable ingestion!

** **

Revenons sur nos pas. A l'heure où, dans les salons, les ménages légaux faisaient une entrée triomphale et

impassible, d'autres couples, mystérieux et peut-être
émus, montaient au restaurant l'escalier du cabinet
particulier.

Il est entendu que le cabinet particulier n'a pas été
précisément inventé pour l'œuvre de la mastication. Néanmoins, comme s'il était destiné à déguiser les intentions,
à voiler les résultats, à couvrir les audaces, le menu
apparaît vaste et formidable.

Si la dame est une novice du cabinet, elle dira à son
compagnon de fête :

— Commandez.

Et lui, — s'il n'est pas un de ces Parisiens rompus à
l'économie du programme et qui vous matent du premier
mot le garçon aux offres insidieuses, — dira par osten-
tation, au maître d'hôtel attentif et grave :

— Ceci, cela, cela encore ; soignez les vins.

Si, au contraire la dame est accoutumée à ce genre
de sport, c'est elle qui dira au maître d'hôtel non
moins grave :

— Ceci, cela, et cela encore ; soignez les vins.

Le résultat est identique. C'est-à-dire que la table,
éclairée discrètement par des bougies posées dans des
flambeaux, voit apparaître des viandes et des légumes,
des poissons, des fruits et des pâtisseries, qui suffiraient
à nourrir une famille de Ménilmontant ou dix familles
espagnoles.

Pierre VIDAL

Or, ces mets, bisque d'écrevisse, poisson, légumes, rôtis, primeurs, fruits rarissimes, et le champagne frappé à dix-sept francs la bouteille, auront le sort commun d'être à peine goûtés, déchiquetés modérément : car le but avéré du cabinet particulier n'est point finalement une absorption, mais une série de phrases flirteuses et d'engagements amoureux.

Le résultat obtenu par l'entreprenant seigneur qui paiera le festin ne sera pas souvent considérable : un feuilletage de dentelles, un baiser peut-être ; puis en revanche une addition fantasmagorique, cynique, qui met, en taxant la consommation effective à 2 fr. 60, prix des Halles, le baiser à 119 fr. 50 : pourboire, 10 francs.

Si c'est un souper, l'addition monte encore ; il est vrai que ce que nous appellerons le *chiffonnage* est, grâce à la fièvre nocturne, plus rémunérateur.

*
* *

Étonnez-vous donc maintenant que le Parisien limité de ressources préfère avoir recours à un cabinet particulier roulant, à deux francs vingt-cinq l'heure : au « fiacre 117 ». Allons, cocher, au Bois ! Et les stores baissés, le train intérieur va être caractéristiquement en raison inverse de celui du cheval. Celui-ci part avec quelque velléité de galop au Boulevard, passe au trot aux Champs-Élysées, au pas dans le Bois, et reprend de nouveau une louable vitesse à la rentrée rue Royale. A l'intérieur le mouvement est *andante* aux Champs-Élysées, *allegretto vivace* à l'Avenue, *scherzo* à l'entrée du Bois, *appassionato furioso* aux Acacias, point d'orgue à la Cascade, *da capo* autour du Lac, *andante a tempo* au Boulevard. Comptez deux cents mesures pour rien.

❊
❊ ❊

On ne fait pas que dîner ou souper en cabinet particulier, on y déjeune aussi, et alors il n'y a pas de femmes, mais seulement des hommes qui sont venus là pour traiter quelque affaire.

Le déjeuner d'affaires en cabinet particulier est une des jolies mystifications parisiennes.

Voici, à peu près, comment les choses se passent.

Un boulevardier en avise un autre et lui dit :

— Pour l'affaire dont vous m'avez parlé, je crois tenir l'intermédiaire qui doit vous aboucher avec le ministre de l'Agriculture.

— Parfait !

— Il s'agit de nous rencontrer pour causer à l'aise.

— Eh bien, répond le boulevardier n° 2, réunissons-nous chez X... à déjeuner. On est très tranquille, la chère y est excellente, et justement les huîtres et les perdreaux y sont particulièrement soignés ainsi que les vins blancs.

Rendez-vous est pris au café X...

Au jour dit, les deux boulevardiers et le précieux intermédiaire se trouvent réunis, dispos et pleins d'entrain, dans le restaurant célèbre par ses vins blancs.

Dans un cabinet, devant un bon feu qui flambe, ces trois seigneurs étudient gravement le menu.

Après maintes hésitations, ils se décident :

— Trois douzaines de marennes vertes, des œufs brouillés aux truffes, un beau chateaubriand aux pommes, des perdreaux et une salade russe.

Le sommelier entre :

— Naturellement du haut-sauterne, deux bouteilles ; puis nous verrons ce bourgogne, vous savez!

— Oui, monsieur.

Les trois hommes attablés attaquent quelques hors-d'œuvre, en disant :

— Quand il fait froid on a bon appétit.

Et ils mangent. Les heures passent; le sauterne dore les verres, la conversation s'anime; aux œufs brouillés, on parle des derniers « racontars » de Paris, on disserte sur les plus récents scandales; après le chateaubriand on cause femmes, opéra, Sarah Bernhardt, etc., etc. Quand on sert le café les trois seigneurs parlent à la fois.

Ici, l'un d'eux s'esquive vers un *buen retiro* ; quand il est revenu un des deux autres s'excuse et sort vers cette même destination ; le troisième en fait autant.

Les heures ont passé.

— Trois heures moins le quart ! — s'écrie l'un d'eux avec un désespoir comique.

— Oh ! — fait un autre, tirant une bouffée d'un cigare énorme, — et moi qui ai rendez-vous à la Bourse !

Alors, en une minute, on dit vaguement de quoi il est question, quelle est la merveilleuse affaire ; et comme on ne se comprend plus en si peu de temps, on se donne rendez-vous dans le cabinet de travail de l'un des trois, vers neuf heures du matin.

*
* *

Le déjeuner d'affaires en cabinet particulier semble-rait être le dernier mot de l'illogisme. Cependant il y a plus illogique encore.

Il y a le dîner d'été au balcon du café-concert des Ambassadeurs, où l'on paie le prix de cabinet particulier, par la raison que l'on y amène des personnes du high-grue (tenons la raison pour bonne et ne disons rien), et sous le prétexte que vous êtes censé assister à un spectacle en des places privilégiées. Or le privilège des dites places consiste à être les plus mauvaises de toutes, si éloignées de la scène (!) que la musique (!) ne vous arrivera que sous forme d'éructations intermittentes des cuivres, que la voix (!) ne parvient pas jusqu'à vos oreilles, que les chanteurs (!) ne vous apparaissent que dans un fond de la plus lointaine perspective, et qu'enfin les chanteuses (!) se résolvent pour vous en deux bras haut gantés de noir faisant le grand écart aux côtés d'une poitrine copieusement décolletée. Vous n'avez même pas la ressource de voir de face ce qui constitue la caractéristique et la curiosité du lieu : le public des premiers rangs poussant des cris d'animaux, accompagnant les refrains en chœur, et se livrant à des « fumisteries » variées, pour se faire croire qu'il s'amuse.

Maintenant, si vous êtes sceptique et content de peu, vous pouvez vous consoler en vous disant que votre éloignement ne vous permettra pas de distinguer un des « clous » de la soirée : un pitre qui a des jambes maigres comme des pattes de faucheux, et des bras longs à entourer son propre corps comme la pieuvre saisissant sa proie; cette curiosité anatomique s'habille en danseuse; c'est le dernier mot de la dégradation humaine. Vous pouvez aussi philosopher sur le bon tour joué par la consommation au public qui est venu s'entasser sous vos pieds.

La consommation favorite est ici la cerise à l'eau-de-vie : en abrégé, « une cerise. » On la demande trois fois sur quatre.

Véritable consommation-bonneteau. Que fait le joueur de bonneteau? Il vous provoque, en incitant chez vous la presque certitude de gagner; après quoi il vous plume. Ainsi fait la cerise à l'eau-de-vie, la consommation de café-concert. « Consens d'abord à me payer le prix exorbitant de trois francs », dit-elle au spectateur, « et je t'amuserai pour l'argent, te ferai passer une soirée agréable. »

Et, les trois francs versés, s'ensuit l'exécution d'un programme dont l'idiotie, panachée d'obscène, est célèbre, et pour l'audition duquel on vient souper au prix catapultueux de cabinet particulier, et même, — ceci est le dernier nouveau, — on loue des loges en plein air, où l'on paraît en habit : le pschuttisme et le gommisme se mettant partout!

Pendant qu'à l'intérieur ils cherchent à exprimer de la recette tout ce qu'elle peut donner, et jusqu'à la dernière goutte, les cafés-concerts d'été s'entourent de talus et d'opaques barrières de végétation, afin que l'ineptie et le crapulisme de ce qui s'y chante ne puisse plus filtrer jusqu'au populaire qui se presse à l'extérieur dans l'espérance de saisir au passage le cher profil du comique favori, ou quelques mots de la dernière « scie ».

Pierre VIDAL

On ne veut pas qu'un public puisse, sans entrer et sans payer, « carotter » le spectacle.

Mais on veut bien carotter la recette, et mystifier les spectateurs payants, qui, moins bêtes et moins pornophiles qu'on ne le croit, comptaient sur une moyenne d'amusement possible, et auxquels on ne donne rien. Pourquoi prendre de la peine pour l'élaboration d'un programme digne de ce nom, quand la recette est assurée quand même? Encaisser la recette, sans donner quelque chose pour, est l'idéal.

Voyez certains théâtres où l'on poursuit fixement ce but certain : empocher les dix francs des orchestres et des balcons, les quarante et soixante francs des loges, et ne rien jouer en échange, ou peu s'en faut. On commence à huit heures et demie par un lever de rideau auquel personne n'assiste, mais qui assure la totalité des droits pour la soirée à l'auteur de la pièce principale, si l'on peut ainsi nommer l'absence de pièce qui sera jouée tout à l'heure. La dite pièce est annoncée pour neuf heures et quart. On la commence à neuf heures quarante-cinq. Vingt minutes de premier acte, ci : dix heures cinq. Vingt-cinq minutes d'entr'acte pendant lesquelles la salle se vide, et demeure, la rampe baissée, dans un ennui cadavérique; on peut se distraire en parcourant l'ignoble et déshonorant rideau-annonces, où commencent à prendre place des adresses pour les maladies de

peau, maladies des femmes et autres. Vingt-cinq minutes
de second acte, ci : onze heures moins cinq. Vingt-cinq
minutes d'entr'acte lugubre, grande scène des ouvreuses
et des paletots. Vingt minutes de troisième acte, et sortie. Ci : minuit moins vingt. La farce est jouée. On n'a
servi au public qu'une heure cinq de consommation
théâtrale.

En vain proteste-t-il par sa désertion contre cet abus;
en vain certains théâtres s'octroient-ils fours sur fours,
rien n'y fait. Il y a plus; ces théâtres pratiquent un
autre carottage des plus audacieux : bien que la salle soit
aux trois quarts vide, ils déclarent aux spectateurs qui
vers huit heures et demie se présentent en demandant
des balcons et des orchestres, qu'il n'en reste plus au
bureau, et que l'on ne peut plus disposer que de places
qui avaient été louées « et dont le coupon vient tout
justement d'être renvoyé ». Et voilà comment, une
heure après l'ouverture du bureau, on gagne encore deux
francs par place sur les naïfs!

Ces théâtres, où le public dupé reste maussade, sont
peu favorables à la consommation. Mais, dans les théâtres
« où l'on en donne pour l'argent », où le public s'amuse
et s'échauffe, l'inévitable besoin de consommer se fait
bientôt sentir. Alors sont absorbés : au buffet, les glaces
et le champagne; dans les avant-scènes, baignoires et
loges, les fruits frappés, apportés de chez le grand confi-

seur dans la boîte carrée ficelée d'or et contenant la
minuscule pince qui permettra de ne point salir ses gants;
dans les loges ou au balcon, des caramels; plus haut, la
célèbre trilogie orgeat-limonade-bière; tout à fait en haut,
la traditionnelle orange.

*
* *

Dans le ballet de *Robert le Diable,* quand les danseuses ont vainement épuisé sur le héros la séduction
par le vin (par la consommation) et la séduction par le
jeu, survient la nonne en chef, avec la séduction par
l'amour, et Robert ne résiste plus.

Nous avons vu, nous, la consommation appeler à son
aide, comme mise en scène et moyen séducteur, d'abord
la musique des tsiganes, puis la chanson de café-concert.
La voici maintenant qui, pour se faire accepter, renouveler, multiplier, va invoquer le secours irrésistible de la
femme.

La provocation à la consommation par l'intermédiaire
de la femme est d'ailleurs aussi vieille que le monde.
Dès qu'il y eut sur la terre un homme et une femme, la
première femme offrit au premier homme de consommer,
et s'asseyant à ses côtés, consomma avec lui. (C'est bien
ça!) La chartreuse n'étant pas inventée, ils consommèrent

chacun une « demi-pomme ». Et il en coûta à l'homme horriblement cher. (C'est complet!)

Le principe de la consommation par l'incitation et la co-ingurgitation de la femme était trouvé. Il se répandit dès lors à travers les âges et les nations, régnant dans les rues de Suburre de tous les temps, dans les rydecks de tous les pays.

Passons au déluge, et même beaucoup plus loin. Pour notre siècle, la femme, dans ses rapports avec la consommation, s'est présentée dans trois rôles.

Au premier tiers du siècle, les dames de comptoir, sortes de belles Fatmas anticipées, délices des roquentins contemporains de Désaugiers.

Au second tiers, les vendeuses de prunes, cerises, chinois, marrons, abricots, pêches et poires à l'eau-de-vie dans la maison Moreaux et autres débits du même genre. Appeau très inoffensif que les plus ou moins beaux yeux de ces vendeuses, équivalent français des *bar-maids* anglaises! Ce qui n'empêchait pas Victor Fournel, en 1858, d'anathématiser les « Hébés de comptoir » et de déclarer « immonde et honteuse » la séduction des chalands par l'instinct sensuel, la corruption, le libertinage. Et il tonnait contre ce « commerce équivoque ».

De notre temps il n'y a plus d'équivoque possible. La brasserie à femmes, la maison de bière est nettement devenue... une maison de thé, pour parler poliment.

Pierre VIDAL

GILLOT.AU

Née à la suite de l'Exposition de 1867, la brasserie à femmes a eu un moment brillant avec le *Médicis* de célèbre mémoire. Depuis, elle est tombée dans la boue. Nous avons aujourd'hui la monnaie du *Médicis* en une foule de cloaques subalternes, épars dans le quartier des Martyrs et le quartier Latin.

Que ce soit en n'importe quel quartier de Paris, la brasserie à femmes est basée sur ce principe que la caissière donne des jetons à la verseuse pour une somme quelconque, et que plus une verseuse en redemande, plus elle est cotée et plus aussi elle gagne : d'autant que le pourboire, — qui n'est généralement pas au-dessous de vingt centimes, fût-ce pour un simple bock, — vient s'adjoindre à son tant pour cent sur les jetons expédiés.

Les jetons sont généralement de trente, quarante et cinquante centimes.

La verseuse, dans ce combat contre le client, est armée de sa perversité de figure, de son aplomb, et de plus, du droit qu'elle a de s'asseoir près du client, de l'enjôler, de le pousser à la consommation, et de se faire offrir à elle-même toutes sortes de liqueurs choisies parmi les plus haut tarifées. Horrible, cette alcoolisation de la verseuse !

Quelques rouées ont un système assez drôle pour ne pas se tuer à ingurgiter d'innombrables petits verres de chartreuse : elles se font offrir du marasquin, du kummel, du kirsch : c'est blanc; et elles se versent en réalité un petit verre d'eau qu'elles sirotent en fumant des cigarettes, offertes par le client, toujours!

Les consommations, — femmes comprises, — ne sont point garanties de bonne qualité et inoffensives. Il n'est pas prudent d'en abuser, si l'on ne veut être amené à consommer chez le pharmacien...

*
* *

Digression. — Le mot de pharmacien venant ici, notons que la pharmacie contemporaine tourne au véritable débit de consommations. Le « potard », aujourd'hui, ne se livre qu'avec impatience à l'exécution « magistrale » d'une potion suivant la formule. Son esprit est ailleurs, rêvant de faire une fortune instantanée par l'invention d'une consommation facile à prendre même en voyage, pilule, granule, globule, capsule; mieux encore, d'un vin : vin de quina, vin de kola, vin de coca, vin de kola-quina, vin de quina-coca, vin de coca-kola, vin de quina-kola-coca, etc. Ou encore de ne rien inventer, de reprendre tout simplement quelque bonne vieille substance, quelque vulgaire fer, goudron, ou bismuth, et d'en tirer de l'or, au moyen d'un titre ronflant et d'une phénoménale réclame. Sous ce rapport, il a été fait de notre temps des merveilles de mise en scène.

*
* *

La brasserie à femmes a essayé du travestissement comme élément de succès. Elle a déguisé ses verseuses en « reines de France ». Si on n'y avait mis ordre, elle les eût habillées en religieuses.

Aujourd'hui tombée au dernier degré de l'abjection, logée dans des boutiques étroites et misérables dont un charbonnier ne voudrait pas; portant des noms à éloigner tout client sérieux, *Le Chat blanc*, *Le Lapin poseur*, *Le Temple de Vénus*, *Les Parfums*, *Le Jardin d'Armide*, etc., et encore *Le Village d'Albouy* dont les réclames encombrent les rambuteaux; possédant quelquefois un étage supérieur d'un usage suspect; servie par des « roulures » qui stationnent sur la porte et clignent de l'œil au passant, la brasserie à femmes a si bien conscience de ce qu'elle est, que d'instinct elle éprouve le besoin de se clore, sinon précisément de volets fermés, au moins de vitraux rigoureusement dépolis.

Au total, la brasserie, le caboulot à femmes est un des essais de revanche de la malpropreté moyen âge sur les habitudes modernes.

Mais il y en a d'autres.

*
** **

Si l'on vous proposait de détruire le Paris d'Haussmann pour reconstruire celui d'Étienne Marcel, d'anéantir les larges boulevards pour rebâtir des rues Maubuée et Brisemiche, de raser le Grand-Hôtel et le Continental pour restaurer à leur place des auberges de rouliers, de renoncer à l'admirable entretien de la voie actuelle pour revenir aux anciennes fondrières et de remplacer les squares par des charniers, vous hausseriez les épaules, ou feriez enfermer l'auteur de la proposition.

C'est cependant l'équivalent de cette campagne à rebours du courant que nous voyons essayer depuis quinze ans, dans l'assaut infructueux livré au café moderne par l'ancien et sordide caboulot, toujours reconnaissable malgré ses divers travestissements, son pseudonyme de « cabaret » et ses variantes de mise en scène : cabaret fumisto-incohérent, cabaret pornographique.

Le *moyenâgisme* est une des formes les plus aiguës de cette tentative contre nature.

Quand on prend du moyen âge, il paraît que c'est comme l'absinthe ou la morphine : on en reprend.

La *Grande-Pinte*, le *Clou*, le *Chat noir*, la *Brasserie Pousset* avaient mis sur les flancs de la Butte Montmartre, et jusqu'au carrefour de Châteaudun, une résurrection des antiques hostelleries et cabarets, genre Louis le Hutin le plus pur, à moins que ce ne. fût François Ier.

Le *Lyon d'Or* se montra rue du Helder, avec ses évocations des auberges du passé et du style aimé de nos arrière-aïeux. Ce pan de bois, au milieu du superbe Paris de pierre, est bien — pensa-t-on — le restaurant qu'il faut au siècle du bibelot, du collectionnisme, du bricabraquisme, et de l'ameublement « de style » ainsi nommé parce qu'il n'en a aucun, les ayant tous. Et cependant, — anachronisme heureusement rassurant, — le filet de bœuf n'y date pas de Taillevent et le poisson n'y est point mariné depuis Henri III : les victuailles y sont parfaitement contemporaines. Demandez plutôt aux « Amis des Livres » qui tiennent au *Lyon d'Or* leurs agapes mensuelles et bibliofraternelles.

La rue du Helder contagionnée, il fallait bien que le Boulevard même eût son hôtellerie, son cabaret archaïque. Ainsi naquit l'*Auberge des Adrets,* avec ses plafonds à solives et ses garçons habillés en aubergistes de théâtre.

On ne s'y est ni plus ni moins ennuyé qu'ailleurs, on y a consommé ni plus ni moins qu'ailleurs la fumée âcre et les odeurs alcooliques de l'absinthe, et le relent des bières. Mais, comme en tous autres lieux analogues, on n'y a jamais consommé nulle lumière solaire, grâce à la devanture surchargée de menuiserie, aux vitraux épais, à la note uniformément sombre de la décoration.

La première des conditions, pour faire « cabaret », est de s'assombrir. L'*Auberge des Adrets* n'y a point manqué. Logiques à l'extrême, certains bouis-bouis, pour plaire, se donnèrent l'air repoussant et se déguisèrent nettement en prison. Et l'on eut le *Château d'If,* où nul n'entra jamais, crainte de n'en point sortir. Ceci est le cabaret maquillé en décor de l'Ambigu, ce que l'on pourrait appeler le *cabaret-cabot.*

Remercions ces caboulots obscurs : ils ont fait rendre justice au café blanc et or, où les grandes glaces laissent entrer à flots le soleil! Les cabarets moyen âge ont même réhabilité l'abominable style Louis-Philippe des cafés de province, où du moins on peut lire un journal, écrire une lettre et voir ce que l'on boit. Chose impossible dans les décors moyenâgeux et villonesques.

⁂

C'est pourquoi, soit dit en passant, la naissante et moderniste société des « Bibliophiles Contemporains » adopta pour ses dîners, non l'hôtellerie, mais le restaurant, et convoqua ses membres chez Margüery, pour y consommer des menus bibliographiques dans le goût de celui-ci, avec vignette de Louis Morin :

Pierre VIDAL

SOMMAIRE

PROLÉGOMÈNES

Bisque contemporaine. — Petite marmite éditoriale.

VIGNETTES HORS TEXTE

Olives, petits harengs, crevettes, etc.

AVANT-PROPOS

Barbue brochée à la hollandaise.

PRÉFACE

Mouton de pré-salé Panurge.

CHAPITRE PREMIER

Poularde truffée à la César Borgia.

DOCUMENTS CYNÉGÉTIQUES

Perdreaux fin de siècle.

MISCELLANÉES

Vertes feuilles, avec privilège de saison.
Fragments d'asperges inédits.

TRAITÉ DE DYNAMIQUE

Bombe Abbesse de Castro.

NOTULES FINALES

Souvenirs divers de Fructidor.

INDEX ŒNOGRAPHIQUE

Bordeaux et Médoc. — Chablis moutonne. — Volnay (des Ruines). —
Saint-Julien l'Hospitalier. — Champagne Montebello.

*
* *

Après le cabaret bric-à-brac et le cabaret-cabot, le cabaret-chienlit.

Les habits à palmes vertes des garçons du *Chat Noir*

empêchaient de dormir les hommes à idées. Nous eûmes
la *Taverne du Bagne*. La nouveauté, l'imprévu, l'énor-
mité et le cynisme de cette farce en firent le passager
succès. Pendant trois mois, boulevard Rochechouart,
flamboya le long appentis où les garçons étaient truqués
en forçats et les contrôleurs en gardes-chiourmes, où un
bock s'appelait un *boulet,* et un client qui avait payé sa
consommation, un *libéré*. A quelque chose mascarade est
bonne : la *Taverne du Bagne* nous aura valu une des
belles eaux-fortes de Félix Buhot.

Alors nous eûmes en toute saison des cabarets de
mardi-gras : la *Brasserie des Ouistitis*, l'*Auberge du Cour-
rier de Lyon*, le *Caveau de l'Enfer*, le *Cabaret des
Patriotes* tenu par des merveilleuses; l'*Auberge des Apo-
thicaires,* servie par des diafoirus (cependant les clients,
s'il y en eut, consommaient par la bouche); l'*Auberge des
Chiffonniers*, le *Casino des Concierges* (encore Lisbonne!),
le *Cabaret des Avocates* tenu par des femmes togées et
toquées, le *Cabaret des Assassins,* même celui des *Rois de
France,* où l'on put se faire servir un bock par Henri IV
et une verte, — une *verdoyante,* — par Louis XIV.
Cela fut toléré. On sait où la tolérance mène les maisons.
On eut donc l'*As de Pique,* et autres du même numéro.

Après quoi le public, lassé, demanda par la bouche
d'un écrivain compétent et antipornographe la création de
la *Brasserie des Gens propres !*

*
* *

L'apothéose du cabaret dit « artistique » a été le *Chat Noir*, en ses diverses évolutions.

La *Grand'Pinte*, créée place Trudaine par le libraire Laplace, l'avait précédé et comme annoncé. Là s'était faite la première révélation ; là, les consommateurs fatigués d'absorber l'apéritif servi par des gérants banals et des garçons sans style, en des salles très ordinaires ayant tout au plus une hirondelle ou un rat mort dans le plafond, vinrent boire dans des pichets de faïence, manger dans des assiettes peintes, s'asseoir sur de massifs bancs de chêne devant de lourdes tables de bois, s'éclairer d'une lumière tamisée par des vitraux gothiques et contempler de vieilles (?) tapisseries, lesquelles, par une singulière inconséquence, étaient partiellement cachées par des tableaux modernes encadrés d'or, faits pour être achetés par quelques Mécènes de passage. Puis, le premier public bruyant, gouailleur, excentrique, ayant réussi à créer la réputation du cabaret, fut remplacé peu à peu par de sages clients aux mœurs paisibles, qui introduisirent le jacquet agaçant, le domino et le rams dans ce « sanctuaire des Arts ». Ce fut la fin.

Alors Salis (saluez, Messeigneurs!) installa le *Chat Noir*

à deux pas de l'Élysée Montmartre, avec son chat en potence, son chat sur un vitrail, ses tables et ses chaises carrées, massives, ses énormes clous, ses tapisseries, ses panneaux de vieux bahuts, sa haute cheminée dans laquelle le feu était remplacé par une bassinoire. Une seconde salle, plus effectivement chauffée, servait de sanctuaire à des peintres auxquels vinrent se joindre, par un mélange nouveau, des poètes et des musiciens. Cette salle mérita donc le surnom d'*Institut,* qui lui resta. D'où les fameux garçons en fracs brodés de vert, qui ont été la fumisterie fondamentale de l'établissement.

L'arrivée des musiciens motiva l'entrée d'un piano. Willette peignit sa grande pierroterie du *Parce Domine.* Les poètes secouèrent sur les bourgeois, ahuris d'être traités de « messeigneurs », leurs strophes, qu'accompagnèrent les musiciens. Le *chatnoirisme* était fondé. Les mots *chatnoiriser, chatnoiresque,* entrèrent dans la langue. Et *Le Chat Noir,* journal, organe des intérêts de Montmartre, naquit, avec le nommé Émile Goudeau pour premier rédacteur en chef.

L'établissement du boulevard extérieur devenu trop étroit, le *Chat Noir* fut transféré, par un déménagement fumisto-carnavalesque, rue de Laval (prononcez Victor-Massé). Là il monta du rang de simple cabaret à celui d'hostellerie. Un suisse fut placé à la porte, devant la Diane de Houdon. Willette posa dans la salle du bas son

Pierre VIDAL

vitrail du *Veau d'or* (le bock d'or, le bock à cent sous
servi avec un spectacle gratuit, eût été plus en situation), et quelques panneaux peints. Le rez-de-chaussée
devint bientôt la salle des consommateurs et des curieux
de passage. Les peintres, poètes et musiciens, franchissant
le premier étage, l'étage du journal, se réfugièrent au
second, qui devint peu à peu un théâtre.

· Théâtre : tout le succès du *Chat Noir* s'explique par ce
mot. Le trait absolument essentiel de l'établissement est
de n'avoir d'incohérent que l'apparence. Le *Chat Noir*,
au fond, est fumistiquement sérieux.

Sous ce que Balzac aurait appelé le *blagorama* de
surface, il est une entreprise correctement, sérieusement,
économiquement, sévèrement gérée. Dans cette boîte au
dehors moyenâgeux et abracadabrant il y a un théâtre où,
à un moment donné, furent consommées deux choses
nouvelles et exquises : *La Marche à l'étoile,* d'Henri Rivière,
musique de Fragerolle, et *L'Épopée,* ces grandioses ombres
chinoises de Caran d'Ache, qui, s'il faut en croire certain
académicien, ont seules pu révéler et faire comprendre
Napoléon !

Passez rue de Laval. A la place où jadis était fixée la
plaque chatnoiresque commémorative de l'ouverture du
cabaret (*Grévy étant archonte. Passant, sois moderne !* etc.),
est maintenant collée une très ordinaire affiche de papier
jaune : *Théâtre du Chat Noir. Le bureau de location est*

ouvert de 11 heures du matin à 8 heures du soir. Cela dit tout. Le *Chat Noir* est aujourd'hui un théâtre Séraphin à l'usage des grandes personnes. On y a vu Sainte Geneviève, on y verra peut-être Jeanne d'Arc.

*
* *

Avec son suisse à l'entrée, ses vitraux, ses fresques, ses nefs superposées dans la plus élevée desquelles sont représentés de divins mystères, le *Chat Noir* est la Sainte-Chapelle du fumisme. Le cabaret de Bruant en fut la grande truanderie. Truanderie d'ailleurs théâtrale, select, et bénigne. Un simple objet de curiosité.

Ce que le Parisien consomma en cet étroit cabaret sis en l'ancien local du *Chat Noir,* ce fut un certain poison composé de brutalité et de poésie, une mixture ineffable de grossièreté dans les mots et de raffinement dans les idées, un salmigondis de rêve hunanitaire et de trivialités.

Le bock des clients n'était là que pour l'apparat, et pour la justification d'un paiement quelconque : c'était la dîme de redevance. Quant au lait qu'absorbe Bruant, c'est un réconfort pour sa voix, belle et forte, mais enrouée.

Lors commençait une série de mélopées dont le refrain se glapit : *A Batignolles, A Grenelle, A la Villette,*

A Montmartre, A Montpernasse, A la Glacière, etc., pleines
de la gaieté sinistre et de la philosophie amère des
voyous, des souteneurs et des escarpes, dont l'un crie à
l'autre :

> *T'es dans la rue, va, t'es chez toi !*

ou bien :

> *A nous les marmites ! Vivent les dos !*

ou bien, seul dans sa cellule, geint :

> *J'entends comme eun' espèc' de bruit*
> *A la Roquette.*

Les rouleuses aussi chantaient par la bouche d'Aristide
Bruant. Comme il s'appelait Aristide, je dois dire qu'il
chantait ou plutôt éructait juste. Puis c'était l'odyssée de
la pauvre fille inconsciente qu'on a fourrée à Saint-
Lazare, et les amours naïves de ces trottoireuses pour
leurs terribles et tyranniques souteneurs si parfaitement
odieux à tout Paris, elles exceptées.

Étrange, soit dit en passant, cette curiosité du public
pour les histoires de souteneurs et de pierreuses, dites
avec l'ignoble accent faubourien. Elle repose sur une illusion et sur une erreur de critique. Le public croit devoir
être empoigné par la réalité de l'imitation qu'il prend
pour de la difficulté de rendu et de la conscience de
composition chez le déclamateur ou la chanteuse. Au fond,
ce dont le public ne se doute pas, c'est que les rôles

« crapules », rôles de titis, de voyous, de souteneurs, de
« marmites », de pochards, etc., sont de tous les plus aisés à
« attraper ». Rien de plus facile que de s'encanailler. En
un tour de main, avec une casquette, une blouse, un
pantalon à pied d'éléphant, « eun' fin' rouflaquette » pos-
tiche, des pantoufles, et une voix de la gorge, en un tour
de main, dis-je, n'importe quel homme du monde jouera
un souteneur au naturel. Tandis qu'un souteneur serait fort
embarrassé de jouer un homme du monde et de porter un
habit noir. Être un distingué, là est la difficulté et l'art!

Voici maintenant que le cabaret de Bruant retentit
de clameurs, macabres comme *V'la l' choléra!* ou simplement « saoulottes » comme *Qu'est-ce que j' risque?* ou
encore tonnantes comme *La Noire,* et gouailleuses comme
la grève du *Gréviste* « qui veut rien faire tout le temps ».

Subitement, au milieu de cela, un chef-d'œuvre, une
perle, une perle noire : le *Côtier,* ce vieux malheureux
qui passe l'éternité de sa vie à remonter et à redescendre
le même bout de rue avec son cheval de renfort pour
l'omnibus. Écoutez-le, cet abruti jusqu'à la résignation! —
Écoutez-le philosopher avec son compagnon de côte :
c'est le néant de l'existence sans avenir, sans joie, sans
foi, sans espérance. — C'est le *Nada* de Goya, mis en
argot, mais toujours aussi terrible :

> *... T'en as assez d' la côte?*
> *T'as déjà soupé du métier?*

Pierre VIDAL

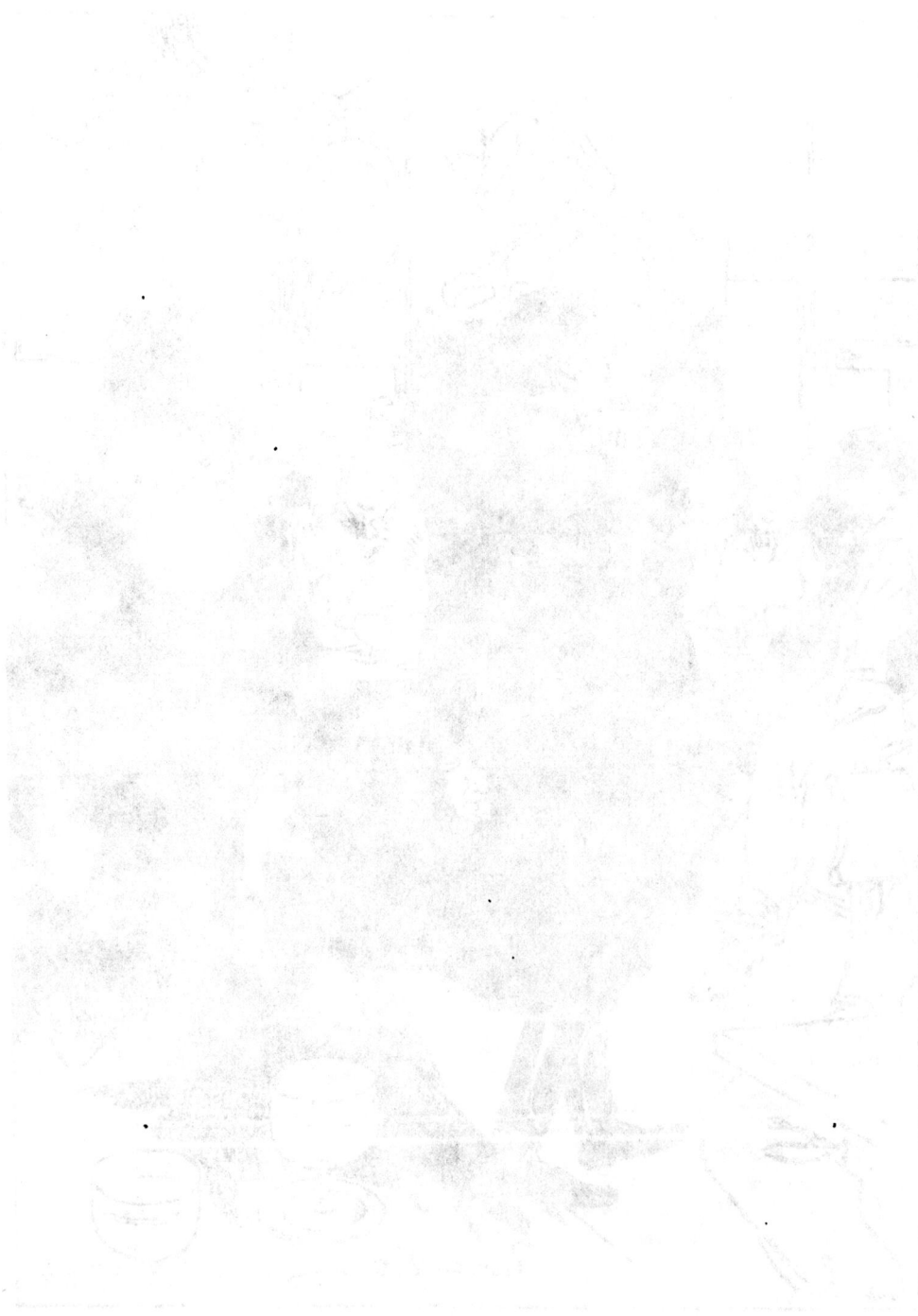

Mais tu peux plus en faire un aut'e.
Te v'là comme moi, te v'là côtier...
C'est la vie... faut porter l' licou,
Tant qu'on tient un peu su' ses pattes
Et tant qu'on peut en foute un coup.
Et pis après, c'est la grand'sorgue :
Toi, tu t'en iras chez Maquart,
Moi, j'irai p'têt ben à la Morgue,
Ou ben ailleurs... ou ben aut' part !

Telles furent les consommations intellectuelles des gens très *pschutteux* — ou très *v'lan,* — qui (à la suite des *artisses,* turellement) envahissaient le rez-de-chaussée du *Mirliton,* boulevard Rochechouart, où hurlait Bruant.

A l'arrivée de ces beaux messieurs et de ces belles dames, la cohorte des attablés leur servait comme apéritif ce refrain distingué :

Oh! là là! c'te gueul', c'te binette!
Oh! là là! c'te gueul' qu'elle a!

Puis, pendant que rue de Laval, le suisse, frappant avec sa hallebarde solennelle, annonçait les visiteurs, et que le « gentilhomme » cabaretier Salis criait d'une voix fatiguée par les veilles : « *Messeigneurs, il est temps de renouveler les consommations!* » Bruant, en veste de velours et le pantalon dans les bottes, arpentant son caboulot comme un fauve en cage, hurlait au garçon : « *Mais f..tez donc des bocks à tous ces c... là!* »

Et ce... (comment dire?) ce « *sæcula* » grossier, et

34

parfaitement juste, d'Aristide, vous gargarisait et vous
rinçait de tous les « Messeigneurs et Gentilshommes! »
de Rodolphe.

Tout cela, d'ailleurs, très inoffensif, sentant le travaillé
et fait « à la blague ». Les comparses n'y sont point de vrais
enragés, ils ne mordent pas : on peut toucher. Et aucun
danger de s'y contagionner de sang ou de graisse en frôlant
le beau veston de velours du patron. Ce n'est pas encore
cela qui nous mettra sous la peau le petit frisson de
crainte, l'émotion cherchée par les inamusables et les
blasés! — Voyons autre chose.

*
* *

Dans les ignobles rues qui avoisinent la place Maubert,
la « plac' Maub' » comme l'appellent les habitués de ces
parages, il est maints cabarets aux renoms sinistres : tels
le *Château Rouge,* le *Père Lunette.* Ce qu'on y boit est ordinaire : vin du broc ou de la bouteille, eau-de-vie, absinthe.

Il y a des chances pour que le bouquet du cognac soit
dû à un mélange extra-toxique d'acide laurique, d'acide
palmitique, d'acide myristique et d'acide caproïque. A
moins qu'il ne provienne d'acide sulfurique distillé avec
du beurre de coco saponifié par la potasse et dissous
dans l'alcool. Ainsi de suite.

Mais c'est le décor qui est remarquable ou plutôt ceux qui figurent dans le décor.

Le *Père Lunette* est devenu, par l'éventrement de la place Maubert, un endroit déjà trop clair, trop évident, une sorte de cabaret d'alcooliques sur lequel la police a l'œil trop ouvert. C'est le refuge des vieilles rouleuses ivres-mortes qui sommeillent là sur un banc le long du mur, et quoique la mère Lunette ait reçu quelques coups de couteau assez récemment, le côté dégoût l'emporte sur le pittoresque et sur le terrible. Des étudiants, en chapeau haut-de-forme osent y aller prendre un verre *su' l' zinc,* et écouter quelque gratteur de mandoline s'efforçant de faire le métier d'Orphée et de ressusciter quelque mélodie dans l'âme des bacchantes grognardes qui tapissent les murailles.

Le *Château Rouge,* dernière incarnation d'une demeure antique qui fut, ô bizarrerie du sort! le logis de Gabrielle d'Estrées, a gardé une physionomie plus sinistre. Les escarpes, les filous, les assassins, les mendigots capables de mauvais coups se réunissent là, rue Galande, surtout dans la partie du cabaret qui s'appelle *la chambre des morts,* et qui, en réalité, est un vaste dortoir pour ivrognes.

Ici, pour peu qu'il ait l'espoir de recueillir quelque monnaie, tel chanteur des cours hasarde sa chanson; le plus souvent, quelque romance très sentimentale où il s'agit de *Blés d'or* et de *Valse des Roses,* qu'il grasseye

avec une tendresse infiniment trop poétique. Oh! l'évocation des blés d'or et des roses, quelle consommation
d'idéal pour ces gens de sac et de corde!

Mais oui, ce sont ces mêmes gueux qu'on voit, l'été,
grouiller dans les blés de Montrouge ou sur l'herbe de
Saint-Ouen. La romance, que le nouveau répertoire des
Paulus, des Yvette, et des Eugénie Buffet a chassée du
monde chic, a retrouvé là une clientèle assidue. Bon pour
la curiosité des femmes du monde, d'entendre chanter
Soupé du mac, ou *Je m'suis fait choper dans la ru-u-e*; mais
pour ceux et celles qui se font vraiment choper dans la
rue, aucun imprévu, aucune « suggestion »; ce qu'il faut,
à ceux-là, c'est bien l'évocation idyllique du printemps
de l'amour pur, et des roses.

Ça n'empêche pas les amis des *Blés d'or* de faire des
coups terribles. Ainsi, récemment, ces « dos » qui au
nombre de trois et accompagnés d'une femme, arrivèrent
sur la place Saint-Michel, où se tenait une marchande de
café à deux sous la tasse, un petit noir qui devait être
fameux. Ce café en plein vent s'appelait le café des *Pieds
Humides*. L'un des « dos » fit à un autre le pari d'une
tournée de petit noir qu'il jetterait à l'eau la fille qui les
accompagnait. Et il la jeta dans l'eau, et elle se noya,
et ils allèrent boire leur *petit noir,* et ils passèrent aux
assises, et ils sont au bagne, et chantent peut-être la
Valse des Roses sous les palétuviers.

PAYE EN SERVAN

Pierre VIDAL

Mais cette rue Galande n'a pas que la spécialité des escarpes du *Château Rouge,* des mendigots et des chanteurs des cours, il y a aussi de braves maçons de la Creuse et du Limousin, qui habitent là côte à côte avec les pires souteneurs.

Dans ce pandémonium on trouve d'autres restaurants bizarres, fréquentés par un peuple mélangé. On les a jadis appelés des *bibines,* en dérivation du mot débine (les anciens Romains disaient bien des *popines!*) J'en ai connu un, ou une, où l'on déjeunait pour onze sous, et de façon saine : quatre sous de bœuf, deux de lentilles, un de pain, quatre de vin.

On se servait soi-même, en payant à fur et mesure de la délivrance des consommations.

Au *Père Lunette* on a changé la formule. *Ici on paye en servant,* dit une longue bande affichée. N'allez pas croire que cela signifie, par une interprétation grammaticalement correcte, que lorsqu'on vous sert, on vous donne encore de l'argent par-dessus le marché !

Eh bien ! quoi qu'on en pense, la rue Galande est moins terrible que le revers nord de la butte Montmartre, que les environs du Pont de Flandre, ou tout simplement que les abords du canal Saint-Martin. Le désert est toujours moins sûr qu'une foule quelconque.

Puis, le *Père Lunette* et le *Château Rouge* ne sont plus d'une mise en scène tout à fait « sincère », mais, déjà sensiblement truquée. Il y a un cercle vicieux ; les hideux clients de la rue Galande ne sont vraiment eux-mêmes que lorsqu'ils sont entre eux et seuls. Or, pour les voir ainsi, il faut que vous y alliez, et dès que vous arrivez, tout change, se compasse, se maquille. Vous pensez bien que s'ils ont un mauvais coup en préparation ils n'iront pas vous en faire part !

Ils commencent d'ailleurs à avoir l'habitude des gens du monde, que dis-je ? des princes du sang, les flairent de loin, et sont aussi gentils que possible avec eux, espérant en tirer quelque redevance et les faire « casquer », ce qui ne manque point. Que si le bruit circule que Rossignol arrive, ils n'en seront pas troublés, et feront bon accueil à l'inspecteur de la sûreté, lui raconteront familièrement leurs petites affaires, depuis combien de temps ils ont *payé* (payer, achever son temps de prison), etc. Par une nuit de froid, j'ai vu, comme le célèbre policier s'en allait, un escarpe lui relever soigneusement le collet de son paletot, veillant ainsi sur la précieuse santé de l'homme qui, peut-être, allait l'arrêter le lendemain ! Étonnante admiration de l'humanité pour quiconque détient la force !

Faisant désormais partie obligatoire de ce que maintenant on appelle : la « tournée des grands-ducs », la rue Galande devient, avec quelques autres malpropretés parisiennes, un simple objet de curiosité, venu à point

pour remplacer Paul Niquet et *l'Azart de la fourchette,*
la *Californie,* et autres décors dont la disparition faisait
un vide dans Paris.

Si nous voulons frémir, cherchons ailleurs.

✳
✳ ✳

Pan!!! Un bruit formidable a retenti. Le sol a tremblé,
mille carreaux ont volé en miettes.

Explosion de gaz? Hélas! non; il s'agit de quelque
chose de plus imprévu et nouveau. La dynamite vient de
consommer une maison.

Paris a été stupéfait, consterné. Il a fait un vrai
pèlerinage à la maison dynamitée. Pendant huit jours les
concierges ont exercé sur l'entrée des immeubles une
surveillance à peu près réelle, et des gardiens de la paix
ont été placés aux portes des logements de magistrats.

Après quoi Paris a commencé à se reprendre, disant
qu'après tout il n'y a pas eu mort d'homme, et il a
pensé à d'autres choses et à des choses gaies, par cet
instinct qu'on appellerait à tort de la légèreté et qui
n'est heureusement qu'un vigoureux besoin de réagir.

Peu après, dans un dîner « en têtes » donné par un
de nos peintres, les convives trouvèrent devant leur
assiette ce menu en forme de bombe, qui témoignera

pour la postérité que, la première terreur passée, on pouvait encore sinon danser, du moins consommer avec esprit sur un volcan :

FESTIN BOMBOÏDAL

Souviens-toi que tu es poudre
et qu'en poudre tu retourneras.

Potage à la nitro-glycérine.
Hors-d'œuvre avariés.
Cuissot de mascotte à la panclastite.
Glandes de veau mélinite.
Canetons au sang de Beaurepaire.
Langouste explosible.
Bombe Ravachol (dans l'escalier de service).
Fromage de Soisy-sous-Etiolles.
Vins sulfureux.
Vins de Chaumartin pour dames. — Bourgogne grisou.
Toast à l'anarchie envers et contre tous.
Café et liqueurs aux compagnons.
Cognac de la Révolte.

DESCENTE DE LA POLICE.

Arrestations diverses et atouts.
Délivrance et retour des compagnons.
N. B. — *Deux heures du matin : saut de la rampe d'escalier.*

Comme dessin, sur ce menu, une marmite faisant explosion. On n'est pas plus gai.

Pendant ce temps le Parisien, toujours badaud, s'en allait processionnellement consommer boulevard Magenta, pour la curiosité et l'émotion de voir, sous la protection

VERY

ENTREE
DE L'HOTEL

PIERRE VIDAL

d'un gardien de la paix en faction, le chand-de-vin-restaurant qui était tenu par le beau-frère de l'homme qui avait averti le commissaire qui avait arrêté le dynamiteur qui avait fait exploser une maison qui logeait un magistrat qui avait pris part au jugement qui avait condamné un anarchiste.

Pan!!! Explosion. Le restaurant est réduit en miettes; cette fois, par malheur, quelques-uns des clients curieux sont très fortement ou même mortellement avariés; le patron est horriblement blessé, — il ne reste plus à la chirurgie qu'à l'achever, en longueur.

Pour le coup, nous le tenons, l'émouvant et l'horrible. C'est le « dernier cri » : le restaurant où l'on badaude est devenu le restaurant où l'on saute!

*
* *

Assez d'excentricités, de curiosités, d'exceptions, et de Paris horrible. Assez de cette mise en scène archaïque, anachronique, gynécologique, dynamique, et qui sent l'artificiel, le forcé et le misérable. Rentrons dans ce qui est le Paris véritable et dans la vie courante.

Revenons au Boulevard que nous avions quitté après l'heure de l'apéritif. — Par deux fois dans la soirée la consommation y redouble d'intensité.

La première, immédiatement après le dîner : c'est l'heure du café et des liqueurs.

C'est aussi l'heure du tabac, l'heure de la cigarette et du cigare, voire de la pipe : consommations que le génie de l'homme est arrivé à diversifier par d'infinies modalités de fabrication.

Les tabacs à fumer d'abord, le tabac de France : *Caporal* ou *Scaferlati cantine*, ou *Supérieur* : paquets à cinquante centimes ou à seize sous. Tabac venu du Lot, chargé en nicotine ; d'Agen, ou de Bordeaux.

Les tabacs étrangers : *Levant, Levant supérieur, Lataquieh, Dubèque aromatique, Guibeck, Phéresli très fort, Sultan doux, Vizir, Maryland, Virginie,* et même les tabacs anglais tels que le *Bird's Eye*.

Les cigarettes en boîtes : *Odalisques, Espagnoles, Entr'actes, Guatemala, Dames, Petits Canons, Petits Pages, Hongroises, Amazones, Élégantes, Favorites, Grenades, Égyptiennes, Militaires, Polonaises, Boyards, Russes, Ambassadors, Gros Canons.*

Les cigarettes de la Havane sans papier : *Damitas, Señoritas, Niñas.*

Les cigares de France : un sou (*Petit Bordeaux* ou *Tonneins*); deux pour trois sous; puis les dix centimes, les quinze centimes, *opéras* ou *demi-londrès*; à vingt centimes il y a déjà mélange de tabac étranger.

Notons en passant que, pour s'illusionner sur la valeur

de ses cigares à prix doux, le parisien railleur leur donne des noms pseudo-havanais tels que *soutados*, *crapulos*, *dix centimados*, etc.

Les cigares de la Havane aux infinies variétés, et dont le premier nom désigne la marque de fabrique, le second l'espèce; *Aguila-de-Oro*, *esceptionales*; — *Villar y Villar*, *esceptionales Rothschilds*; — *Cabañas*, *non plus ultra*; — *Cabañas*, *esquisitos*; — *Flor de Cuba*, *bouquets*; — *Comercial*, *comme il faut*; — *Corona*, *castelares*; — *Flor de Cuba*, *alfredos*; — *Comercial*, *elegantes*; — *Intimidad*, *sin iguales*; *Partagas*, *regalia britannica chica*; — *Upmann*, *para la nobleza*, etc. La série des *regalias* de toutes marques, et les *Esquisitos*, *Preciosos*, *Victorias*, *Trabucos*, *Principes de Galles*, *Cazadores chicos*, *Favoritos*, *Aromaticos*, *Medianos*.

Moins chers : les *Londrecitos*, *Reinas*, *Anselmitos*, *Londrès*, *Caprichos*, *Princesas*, *Opéras*, *Coquetas*.

En tout quarante variétés de cigarettes, et deux cents de cigares, qui se vendent dans le bureau installé par la Régie au Grand-Hôtel, sur le Boulevard (toujours le Boulevard!) ou encore à la Bourse près du restaurant Champeaux. (O Bourse privilégiée, rivale du Boulevard!)

Pour les pipes le tabac est généralement le tabac de caporal; mais c'est l'instrument qui varie de forme et de prix : pipes Kummer, Gambier, Chocquin, de Smyrne, de Marseille; pipes de bruyère, de faïence, de merisier, etc.

Parmi les modèles d'écussons pour pipes « d'écume »,

on voit encore aujourd'hui, à la devanture du *Pacha*, le modèle de l'écusson de France avec un aigle au milieu, après vingt-trois ans!

N'oublions pas, avec la pipe, dans les arrière-salles enfoncées, les interminables parties de billard et une consommation effrénée de carambolages.

Passons les tabacs à priser (on prise donc encore?), *poudres supérieure* et *inférieure*, et les tabacs à chiquer, que la Régie appelle avec pudibonderie des tabacs « à mâcher » : *rôles menu-filés, rôles ordinaires, carottes.*

Ne nous arrêtons point aux rares fumeurs d'eucalyptus, ou de camphre, et à messieurs les potaches, qui pour des fumeries prématurées eurent jadis recours aux feuilles de peuplier ou de roses séchées.

*
* *

La seconde frénésie de consommation se produit entre neuf heures et demie et onze heures, et surtout par les beaux soirs de canicule.

Alors c'est un besoin fou de respirer un air à peu près humable, de se laisser tomber sur une chaise et de se rafraîchir. C'est l'heure du bock, qui va retrouver un succès redoublé; c'est l'heure des glaces et des mixtures frappées. C'est l'heure où le garçon répond à la sempiternelle interrogation : *A quoi sont les glaces?* par l'invariable *vanille - fraise - café - pistache - framboise-citron-ananas;* ce qui amène de la part des consommateurs venus en famille la commande de combinaisons panachées à l'infini, enchevêtrement compliqué de *café-vanille, vanille-citron, café-ananas, fraise-pistache,* etc. etc., dans lequel le garçon est à peu près sûr de se perdre.

Le Café Napolitain offre un programme rafraîchissant sinon meilleur, du moins plus particulier : *Chantilly, Tranche-canelle, Plombière, Bombe sicilienne, Biscotte napolitaine, Tutti frutti, Spoom champagne, Nougat napolitain, Portugaise, Cremolata, Fromages corbeille, Bombe capucine, Rocher vénitien.*

Sans compter le ruineux *Soyer,* pour lequel sont mis dans un très grand verre : 1° deux pailles pour humer, 2° un peu de glace à l'orange, 3° une faible dose d'un champagne de très petite marque, et 4° énormément de glace pilée.

Or les clients riches et prudents qui tout le jour se sont tenus à l'eau filtrée Chamberland ou même à l'eau minérale ne prennent pas garde que, s'il faut en croire le docteur Brouardel, la glace à rafraîchir provient du lac du bois de Boulogne, — ou du lac du bois de Vincennes, — autant vaut dire du ruisseau, et contient ses quatre-vingt mille microbes au centimètre cube...!

*
* *

Dix heures du soir, par température printanière ou estivale et par bitume sec, — car si le temps est aigre, plus personne! — c'est le moment triomphal pour la « limonade » et la « terrasse »; et il devient souvent difficile de trouver une place vide à l'une des tables qui, du boulevard du Temple à la Madeleine, s'étalent sur le trottoir en quantité innombrable...

Innombrable? Ceci est une épithète, mais non pas un renseignement. Innombrable : c'est une manière de dire, un mot à sensation, et qui dispense de parler net et juste. Au fait, pourquoi ne préciserions-nous pas?

Allons, comptons !

De Bonvalet à Durand, sur une lieue de long, il y a environ quatre-vingts établissements de consommation de tout ordre, égrenés en un long chapelet dont les grains, le plus souvent éloignés, viennent se rapprocher et se serrer trois fois : au croisement du boulevard Sébastopol et du Boulevard, au boulevard Montmartre, à l'Opéra.

Boulevard du Temple nous trouvons Bonvalet, la brasserie du Cadran bleu, le café Russe et la brasserie Déjazet, avec quatre-vingts tables à l'extérieur.

Place de la République : trois marchands de vin, les brasseries de l'Espérance et Française. Quatre-vingts tables.

Boulevard Saint-Martin : le Rendez-vous des cochers, Balthazard, les cafés de l'Ambigu, Vincent, de l'Orient, la brasserie Muller, l'auberge des Adrets, le café de la Porte Saint-Martin et celui de la Renaissance. Cent soixante-dix tables.

Boulevard Saint-Denis : les brasseries du Commerce et des Deux Portes, le café Français et le café de France, le restaurant Maire, la brasserie Gruber, la taverne du Nègre, quatre mastroquets. Deux cent-quarante tables.

Boulevard Bonne-Nouvelle : quatre débits, le bar Biard, une « habitude », les cafés de Bordeaux et Mazagran, la brasserie Dreher, le café de la Terrasse, puis le restaurant Marguery, le café du Gymnase, la taverne du Gaulois, les brasseries Ducastaing et Muller, ensuite la chocolaterie Prévost, et le marchand de vin qui répond au nom prédestiné de Mouillade. Deux cents tables.

Boulevard Poissonnière ; voici les restaurants Notta, Frontin, du Pont de Fer, de France, Bruneau, Beaurain, Brébant, un débit, les brasseries du Sentier et Gruber, le café Gutenberg, la Splendide-Taverne. Cent tables.

Boulevard Montmartre (la Canebière de Paris) : cafés de la Porte Montmartre, de Suède, de Madrid, des Princes, des Variétés, des Panoramas, les brasseries

Jouffroy, de la Comète, le café Mazarin, la brasserie Zimmer. Trois cent quarante tables.

Boulevard des Italiens : le café Cardinal, la brasserie Pousset, le café Riche, l'Anglais, la Maison d'Or, Tortoni, les cafés de Bade et des Nouveautés, le bar « Calisaya », le Helder, le restaurant Paillard. Cent quatre-vingt-dix tables.

Boulevard des Capucines : l'Américain, le Napolitain, Julien, le café de la Paix, le Grand Café, la brasserie du Congrès. Trois cent soixante-dix tables.

Boulevard de la Madeleine : cafés de la Madeleine et de Londres. Trente tables (une misère!).

Place de la Madeleine : Durand. Trente tables.

En tout dix-huit cents tables sur les trottoirs, devant lesquelles peuvent prendre place trois à quatre mille consommateurs, — et les jours d'extra, deux mille cinq cents tables pour cinq mille consommateurs, — voilà, épithète à part, ce que peut être dans son plein, au milieu d'une ville de plus de deux millions d'habitants, cette mise en scène de la consommation à l'extérieur qui est l'une des grandes gaietés de Paris!

*
* *

Voici onze heures, continuons à nous tenir dans ce qui est la véritable note de Paris, le plaisir. Montons la rue Fontaine, entrons au « joyeux » Moulin Rouge.

— Que venez-vous faire ici?

— Moi, rien, ou pas grand'chose : tuer la nuit.

— Ou peut-être consommer le mariage de la carpe et
du lapin?

— Pour qui me prenez-vous? En fait de consommation
je vais prendre une flûte de champagne, ci : un franc, et
regarder les dessous neigeux de la Goulue, ci... rien.

— A l'œil! c'est là où le lapin commence.

Et les deux Parisiens vont s'asseoir à une petite table,
d'où leur « œil » exercé, et armé du monocle, peut
envisager (est-ce bien le mot, envisager?) la situation.

L'orchestre bruit, ronronne, exulte; il use ses violon-
celles, ses clarinettes, ses pistons à formuler la joie des
quadrilles, l'exubérance de la poule ou de la pastourelle,
mais surtout la frénésie véritablement épileptique du
cavalier seul.

Le cavalier seul est le triomphe de la dame, c'est
« amazone seule » qu'on devrait dire.

A cet instant sacré où la jambe et ses attenances
entrent en scène dans un envolement de dentelles, en un
froufrou qui souligne autant qu'il dérobe, le consommateur
élargit une pupille de requin, une vorace pupille qui ne
perd rien. Le cigare le plus sec s'éteint dans la bouche
du dilettante, et son verre reste plein devant lui. Et même
le consommateur quitte sa table pour aller se placer au

premier rang du cercle qui entoure les danseuses. Là,
fortune insigne, il pourra avoir à la hauteur de son nez
le pied de Nana Sauterelle ou de Rayon d'Or.

Et les artistes s'épuisent en contorsions. La Goulue,
avec un flegme hautain et non sans majesté, étend la
jambe sur son peuple, semblant ainsi le prendre sous sa
protection et accepter ses hommages. Puis, devant les fils
des hommes qui ont acclamé Pomaré, Mogador, Rose
Pompon et Clara, Chicard, Rigolette et Frisette, Brididi,
Rigolboche et Alice la Provençale, et les Clodoches, devant ces Parisiens dévergondés (dont les trois quarts sont
souvent de rigides Anglais ou de vertueux Allemands),
Nini-Patte-en-l'air, la Môme-Fromage, Rayon d'Or, la
Sauterelle, Grille d'Égout exécutent la danse « nationale »
(à ce que croient les étrangers), danse aussi limitée et
stéréotypée dans ses ressources que les contorsions de la
danse du ventre. Marche circulaire, le pied détaché à la
hauteur du nez des assistants, jambe au port d'armes,
jambe derrière la tête, série d'élévations de la jambe
(c'est le morceau capital), enfin, le grand écart. Comme
condiment il est du dernier goût, dans l'intervalle des
figures, de se retourner contre l'espèce de mur formé par
l'agglomération compacte des curieux, de retrousser sa
robe avec affectation et d'avoir l'air d'arranger et de
rattacher son pantalon de dentelles. Petite mise en scène
d'un effet foudroyant sur le novice et l'étranger.

Pierre VIDAL

GILLOT.sc

Quant aux danseurs, lorsqu'il y en a, tout ce qu'ils peuvent faire ne compte pas. Ils nous ennuient.

Personne n'ignore qu'une école s'est formée, un pur conservatoire de chahut dont Mlle Nini-Patte-en-l'air est l'Ambroise Thomas. Cette concurrence à l'Académie nationale de danse prépare pour la consommation du Moulin Rouge les demoiselles qui ont débuté au Moulin de la Galette. Notez que, cette année, Nini va à Chicago.

*
* *

Le Moulin de la Galette est sobre d'ornements; son pittoresque consiste en un vieux moulin à vent conservé à force de contreforts et de poutres de soutènement, et finalement, défiguré par un ascenseur circulaire. Ses ailes immobiles ont l'air d'avoir été ankylosées par des rhumatismes archaïques, et ses marches furent usées par des générations de touristes, de visiteurs et d'habitués.

Du haut de la plate-forme et de la terrasse annexe on voyait Paris étalé sous le ciel comme un gigantesque chaos de toits et de cheminées parmi lesquels se hérissaient à la façon de récifs les monuments principaux. Mais la Tour Eiffel est venue faire oublier ce point-de-vue.

Reste la salle de danse, où le dimanche, depuis midi jusqu'à minuit, se trémousse la jeunesse montmartroise.

Bien des gars imberbes sont venus là faire leur première
conquête, et bien des fillettes de seize ans y ont trouvé le
premier ruban bleu-ciel ou rose destiné à nouer leurs
cheveux. Elles y ont aussi très fréquemment rencontré
l'ombrelle qui devait bientôt leur servir de contenance
ou de parapluie, le soir, quand pour « le petit homme »
il faut arpenter le trottoir de la Villette.

C'est en buvant des saladiers de vin chaud, des cassis
à l'eau, des grenadines au kirsch, ou de simples bocks,
que se nouèrent les associations de la casquette à ponts
et du ruban dans les cheveux.

*
* *

Mais parmi ces friponnes, des veinardes eurent la
chance de tomber sur quelque valseur faraud, sur un
chahuteur émérite qui leur enseigna le premier pas à six-
huit ou à trois-quatre, dans le brouhaha de l'orchestre, et
comme l'amour de l'art (la danse est un art sacré) attire
la faveur des dieux, elles ont pu suivre la voie qui mène
du vieux Moulin de la Galette au rutilant Moulin Rouge
dont les ailes couvertes de lanternes pareilles à des rubis
ont l'air de moudre des vices pour tous les habitants de la
grand'ville, y compris la province et l'étranger.

Au lieu du simple bock de buis non bénit, désormais,

c'est la rafraîchissante bouteille de pale-ale; à la place
de la grenadine au kirsch, c'est la chartreuse verte; et le
saladier de vin chaud devient une flûte de champagne, à
moins que ce ne soit toute la bouteille longuement frappée
dans le seau à glace.

— Vous sortez déjà?

— Oui, je suis fatigué de ne pas me remuer au milieu
de tant de bruit et de mouvement.

Et il s'en va, le monsieur, en songeant que lui aussi,
à Bullier, autrefois, il dansait pour son compte, et que le
pale-ale était bien meilleur après une valse consommée
avec Tata la Marseillaise ou Nini la Frileuse; à présent
il serait presque tenté d'envier Valentin le Désossé, qui
peut *en suer une,* comme a dit feu Mac-Nab.

*
* *

En descendant la rue Blanche, les sortants du Moulin
Rouge se grossissent des sortants du Casino de Paris, et
place de la Trinité, de ceux du Pôle Nord, où, au meilleur
profit de l'alliance russe (*Bogé Tsara Krani!*) on a toute
l'année une Néva digne des patins les plus moscovites.

Et le torrent triplé coule vers le Boulevard, où il
va se jeter comme un affluent dans le grand courant de
la sortie des théâtres.

*
*   *

A onze heures du soir, au Boulevard, raréfaction sensible des clients, qui rentrent se coucher, « les uns avec leurs femmes », dit la chanson, « et les autres tout seuls » (Hem, est-ce vrai, chanson? — Chanson!)

Mais à minuit, — heure magnifique et archifameuse, heure de la sortie des théâtres, dernier regain de la consommation, de Déjazet à l'Olympia.

Il faut que le temps soit pur! — Car s'il pleut, une seule consommation fera prime : le sapin. Salut, Collignon, tu seras roi! Et pendant un quart d'heure le roi-cocher, sceptre en main, voit de son trône numéroté un peuple de parapluies se courber humblement devant lui, et laisse, dédaigneux, monter vers sa grandeur les supplications de *psitt* désespérés.

Mais s'il fait beau, les spectateurs qui n'ont pas consommé pendant l'entr'acte, à la buvette ou au café du théâtre, se ruent affamés sur le chocolat.

Le seigneur cacao a l'un de ses temples, un peu vieillot de mise en scène, chez Prévost en face du Gymnase. Tortoni, jusqu'auquel poussent les partisans de la rentrée à pied hygiénique, n'est guère plus neuf.

Le Napolitain (le « Napo »), le Café de la Paix et le

Grand Café au contraire sont d'allures modernes, ainsi que le Café de Paris, avenue de l'Op. Les friands de chocolat, bien entendu, n'y sont pas seuls. On y épuise la série des consommations, depuis le simple verre d'eau sucrée jusqu'au souper arrosé de champagne.

Les tables attendent à l'Anglais et au café de Foy !

A l'Américain vont les intrépides qui veulent revoir encore les promeneuses du Moulin Rouge, du Pôle Nord, du Casino de Paris, des Folies-Bergères et même de Bullier, dans un âcre nuage de fumée et dans un arôme composite de bock, de grog, de « chypre » et de chair.

Les fanatiques d'huîtres poussent jusqu'au dépôt spécial de la rue Duphot.

*
* *

La reprise de la consommation, à l'heure de la sortie des théâtres, est essentiellement passagère. A minuit et demi tout retombe dans le calme, les consommateurs sont rentrés. Seuls, persistent les soupeurs, que l'on peut apercevoir à travers la devanture du Café de la Paix.

Mais il y a des nuits exceptionnelles où l'absorption semble ne vouloir plus prendre fin.

Ce sont d'abord les nuits de bal à l'Opéra, où la foule joyeuse emplit les terrasses des cafés, coule à pleins bords

au Boulevard, crie, chante, et, distraction nouvelle, force
les cochers à saluer, sous peine de voir leur voiture
secouée par derrière de telle sorte que le cocher lui-
même, par action réflexe, soubresaute de la façon la plus
comique, et provoque un rire, une clameur et des huées
inextinguibles.

Pendant ce temps les sonneurs de cors de chasse,
expérimentés ou novices, satisfont à plein poumons une
des passions effrénées du parisien, saisi pendant les
jours gras de ce que les médecins appelleraient une
véritable *salpingite,* ou affection de la trompe : ils en
jouent dix-huit heures de suite.

Mais l'étonnant, l'inattendu ou premier chef, a été
la nuit de la Mi-Carême en la présente année. Tout
arrive, encore une fois, tout revient, et le redoutable
millésime de quatre-vingt-treize nous a ramené..... la
vieille gaieté populaire !

Il était temps ! Depuis un demi-siècle on la cherchait
anxieusement, cette consommation si nécessaire ! Depuis
la suppression du bœuf gras trois cent mille parisiens
descendaient encore, chaque année, sur le Boulevard,
affamés du besoin de se détendre un peu, et dans l'espérance vague d'entrevoir quelque malheureux masque
isolé ! Puis, la Mi-Carême, il y avait les blanchisseuses,
se promenant sous la pluie et le vent, bras nus, décolletées
en reines frileuses. On les regardait passer, en gelant

pour elles. Des gamins de six à dix ans, déguisés en pierrots, en pierrettes, ou en cuirassiers, se dirigeaient avec
leurs parents vers quelque bal d'enfants. Et c'était tout.
Le badaud rentrait fatigué et fort mélancolique de sa
boulevardière promenade, et les derniers fêteurs allaient
le soir au bal de l'Opéra.

Un jour, les voitures-réclames songèrent à profiter
de cette agglomération de la foule. Puis les brasseries à
femmes vinrent étaler des minois, quelquefois appétis-
sants. Cela ne suffit pas encore à mettre en gaieté la
foule parisiaque.

Mais vint la Goulue, qui, dans le char adorné du
Moulin-Rouge, leva, en plein boulevard, sous un soleil
printanier qui daigna sourire ce jour-là, une jambe bien
connue des amateurs de plastique.

Et les blanchisseuses, toujours, tenaient bon !

Salut ! blanchisseuses, qui avez sauvé la situation, et
par votre persistance, par votre idée de cortège organisé,
par vos efforts vers le neuf, venez enfin de ressusciter
le Carnaval, sous le pseudonyme de Mi-Carême !

Salut ! étudiants, qui, enrégimentés dans « l'armée
du chahut » avez rompu avec les habitudes guindées de
la jeunesse des dernières années ! Est-il donc revenu le
temps célébré par nos pères, où chacun, au moins une
fois dans sa vie, devait s'être déguisé en « singe vert » ?

Salut, ô deux éléments dont il a été consommé une

si prodigieuse quantité à la Mi-Carême de 1893 : le confetti et le serpentin de papier. *Ave, confetti ! Ave, serpentini !* ô vous qui avez jonché le boulevard et couvert les arbres de longues banderoles !

Ce fut une fête splendide.

Et la consommation se prolongea bien avant dans la nuit sur le Boulevard, tandis que, aux buffets de l'Opéra, les habits noirs, les dominos, les pierrots et les diablesses sablaient le champagne.

Pauvre bal de l'Opéra ! En a-t-on assez dit sur sa tristesse navrante ! Et cependant il vit toujours !

C'est que, quoi qu'on ait rabâché, il eut toujours pour lui l'invincible attrait de l'inconnu féminin, sous sa forme — comment dire ? — la plus palpable.

Les plus déterminés y consomment la beauté *manu militari,* ou mieux encore, *unguibus et rostro.* Les raffinés, les blasés, ou les prudents, se contentent de consommer par les yeux, ou encore de humer les parfums. *Reniflantes appellantur,* dirait le docteur Ambroise Tardieu. Cela va du musc brutalement excessif à la moiteur toxique et enivrante, une gamme de senteurs héroïquement jetées dans l'espace par les Walkyries de la fête. — Au total l'*odor di femina,* et cette consommation est éternelle.

Et voilà pourquoi le bal de l'Opéra, toujours déclaré mort, vit toujours.

*
* *

Autres nuits exceptionnelles : les 14 Juillet, avec leurs bals en plein vent.

Dans la journée le Parisien enthousiasmé a pu consommer... la revue. Le peuple est venu s'entasser compact autour du champ de courses; à son intention se sont établis là des mercantis, débitant le traditionnel coco, la limonade (*à la fraîche!*), le sirop de calabre, voire la bière contenue dans un petit fût que, pour le garder du soleil, ils ont couvert d'un « ajoupa » de feuillage. Aux tribunes, un public assez mélangé s'est accumulé depuis dix heures du matin, et attend cinq heures durant qu'on lui montre enfin l'armée.

Pendant ce temps, l'armée consomme.

Voyant qu'il n'y a plus moyen de reculer, qu'il faut enfin jeter un os à ronger au patriotisme vibrant de la population, l'administration militaire, comme à regret, a organisé un bout de revue, aux plus petits effectifs possibles pour que ce soit plutôt fini, avec un programme trop dénué d'imprévu. Amenées à Longchamps avec des précautions dignes de la plus tendre mère de famille, venant partie en chemin de fer, partie à pied, mais de bonne heure pour éviter la chaleur, quelques pincées d'hommes, — insuffisantes pour imposer vraiment l'idée de la force puissante et la confiance — se livrent à un « sous-bois » dans les allées du bois de Boulogne, et consomment un « repas froid » (prononcez : pain et fromage), pendant que la cantinière, privée désormais d'un costume·ridicule mais cher aux populations, verse aux officiers le bock rafraîchissant.

Enfin les troupes ont pris position, tout est paré : le Président est arrivé et le défilé va commencer. Alors le public, calme depuis des heures, devient subitement terrible : tel un fauve à l'approche de la pâture.

L'homme comme il faut, dans la foule, ne tarde pas à prendre les instincts et les brutalités des foules. Voyez dans les bals officiels, quand arrive l'heure du souper, quand l'estomac pressent le foie gras et le champagne : pour franchir la porte du festin, c'est une lutte à mains plates, ou à poings fermés, à coups de coude! Après quoi l'on redevient gentleman comme ci-devant.

Aux revues, il y a un épisode invariablement le même. Chacun veut voir, bien voir. Donc, les spectateurs des premiers rangs sont montés sur leurs chaises; ceux de derrière qui n'ont pas de chaises et ne voient plus rien deviennent épileptiques. Ce sont des cris, des clameurs : *Assis! Assis! Chapeau! Chapeau! Ombrelle! Parapluie!* On ne respecte plus le sexe, on ramasse les graviers qu'on jette en grêle drue sur les femmes des premiers

rangs, montées sur les chaises. On consomme force
injures, des défis, des gros mots, des coups de canne,
voire des gifles. Pendant un quart d'heure, ce public de
gens comme il faut est un public de goujats. Mais les
femmes tiennent bon, désespérément, et rien ne peut
vaincre leur résistance passive.

Soudain tout se calme et les querelles particulières
se fondent en un applaudissement général. Saint-Cyr, le
premier bataillon de France, défile. Bravo, bravo les
Cyrards!

Avec cet instinct sûr des foules, qui se trompe toujours,
le public (et ceci n'est pas particulier aux Français) aime
surtout de l'armée tout ce qui n'est pas l'essence même
de l'armée : la garde républicaine, les écoles, les pom-
piers, les vitriers, les arbis, les zouzous, les lanciers, les
coquillarts. Il est plus calme pour l'infanterie de ligne,
qui est vraiment l'armée. Quand il y en a trop, il crie à
la monotonie. De là la suppression des grandissimes
revues. En revanche il se stupéfie régulièrement, et avec
une naïveté chaque année renouvelée, de l'alignement
des batteries d'artillerie, qu'il croit être le dernier mot
de la difficulté vaincue. Va tout de même, petit lignard,
notre vraie force et notre espoir, va! Tu n'auras pas volé
ce soir ta consommation exceptionnelle : le quart de
vin! Et tu pourras aller, si le cœur t'en dit, après avoir
donné un coup d'œil aux illuminations, —lamentablement

les mêmes toujours, — t'offrir avec ta payse une polka
sur quelque place publique.

*
* *

Que ce soit place de l'Opéra, ou place de la Bourse,
qu'il soit organisé par un journal mondain ou quelques
cafetiers réunis, qu'il ait lieu aux Ternes, à Montrouge
ou ailleurs, le bal en plein vent du 14 juillet respire à
la fois l'allégresse et la poussière.

Sous les girandoles, parmi d'énormes lanternes véni-
tiennes qui attendaient le soir pour être enfin allumées,
voici l'orchestre recruté parmi les amateurs des fanfares
du quartier. Ils ont du souffle, car, durant six heures
d'horloge, ils vont verser sur les foules une musique
aigre, fausse, et suante.

Quelle joie de tourner vertigineusement une mazurka,
les poitrines plaquées l'une contre l'autre, la main droite
du danseur écartelée et faisant pression dans le dos de la
danseuse, son bras gauche tendu et élevé, les doigts
enchevêtrés dans ceux de la dame! Quelle volupté pour
celle-ci de relever sa tête vers le cavalier qui abaisse vers
elle la sienne, et pour tous deux, de se contempler à
longueur de nez, d'un œil langoureux et noyé!

Les cafés de la place où a lieu cette petite fête se sont

Pierre VIDAL

syndiqués pour placer des tables propices à l'extinction de la pépie exagérée que provoquent de tels ébats. D'où une consommation redoublée.

Il se peut que des filles en cheveux descendues de quelque cloaque de la Villette viennent faire les belles sur la place de la Bourse, et profitant du laisser-aller de la fête nationale, risquer un cavalier seul sans pantalon, sous l'œil émerillonné du populo.

*
**

La sortie des théâtres a eu lieu. Les voitures « chic » ou les fiacres « pas chic », voire les omnibus, ont emporté les spectateurs vers leurs demeures où ils trouvent un *en-cas* de nuit, quelquefois composé uniquement d'un reste de fromage.

Mais il est certaines gens qui, excités par un ciel constellé, — ou toute autre cause, — sont bien décidés à prolonger leur éveil jusque fort avant dans la nuit.

Ce sont les noctambules. Les uns le sont, semble-t-il, par profession ; d'autres seulement par occasion.

Ceux que nous appelons noctambules professionnels ne sauraient se passer d'une course errante de cabarets en cabarets, de Montmartre au Boulevard, ou au quartier Latin (là cette course errante prendra plutôt le nom

pittoresque de *vadrouille,* d'où le gai verbe *vadrouiller :*
« Nous avons vadrouillé jusqu'à trois heures », etc.).

A Montmartre, le professionnel noctambule termine
son expédition par une visite au père Rossignol. C'est
un cabaret qui, tout en étant clos, demeure ouvert. Une
chaîne appendue au mur fait résonner une cloche. Le
patron arrive. Si votre figure a l'air suffisamment montmartroise, vous pénétrez par une allée dans une salle où,
autour d'une table à manger recouverte de sa toile cirée,
des êtres disparates boivent des litres jusqu'à six heures
du matin ; poètes ou cabotins, escarpes ou cambrioleurs,
plus ou moins accompagnés de filles étranges.

C'est la fameuse station finale des enragés noctambules. Station que l'on retrouve au Château-d'Eau (rue
de Lancry, dans un caveau) mais là, clandestine.

Au quartier Latin, la station finale a lieu dans les
tartines et les *laits.* Le « lait » attient à une boulangerie
qui, venant d'ouvrir matineusement, offre ses petits
pains chauds. Il est deux ou trois « laits » qui furent et
sont encore célèbres.

Au Boulevard les noctambules professionnels ne
font guère que passer, ils ont un autre cycle à parcourir.
Y viennent plutôt les occasionnels, ceux qu'une aubaine
a rendus momentanément opulents et dignes enfin de
rêver l'orgie romaine et d'en essayer la réalisation,
moyennant force bouteilles de champagne payées, en

certaines maisons, à certaines femmes, en une certaine mise en scène délicate à décrire. Ce sont des étrangers, parfois des gens qui ont intérêt à ne pas se montrer à leur domicile. C'est mêlé. Naturellement il y a souvent des peintres, après le Salon, et des étudiants après les examens.

Ce furent autrefois le Brébant, la Maison Dorée et le Café du Helder, et plus autrefois encore le Café Anglais qui accueillirent les viveurs noctambules.

Aujourd'hui c'est le restaurant Sylvain dont l'échappée sur la chaussée d'Antin ne laisse pas d'offrir un joli coup d'œil de marché aux esclaves blanches, vers quatre heures du matin.

Mais c'est surtout l'Américain — et son concurrent, la maison d'en face, Julien, — qui tiennent la corde, la corde du noctambulisme, ô modernes Gérards de Nerval!

Le café Américain (salle du bas) est clos. Trois heures ont partout sonné. Voici la porte large ouverte, très éclairée, montrant son escalier tentateur au bas duquel la marchande de roses, de giroflées, d'œillets, de camélias, étale son éventaire (parfois simple panier.)

On monte, et l'on arrive à la grande salle du premier, où dans la fumée des cigarettes on aperçoit les silhouettes des dames de céans, courbées vers des habits noirs, des redingotes, des smokings ou de simples vestons. Des fioles diverses, champagne ou pale-ale,

chartreuse ou kummel, miroitent sur les tables encore
encombrées de vagues reliefs d'écrevisses ou de homards,
de sandwichs et de petits fours. C'est l'heure de la
flirtation acharnée. Le souper (quand il y a eu souper) est
achevé. La bataille commence, la guerre des tarifs : on
se croirait à la Commission des Douanes.

On entend : « Cinq louis ! ah ! non ! »

Un peu plus tard c'est trois, deux, un louis. Qui sait?
peut-être dix francs, vers six heures pour le quart
(le quart est un mot précieux en l'occurrence).

Ces dames avisent, autant que possible, le client
nouveau, ingénu. Sous forme d'additions antérieures,
dettes au garçon, elles le *tapent* d'une quinzaine, d'une
trentaine de francs, ou de cinquante; elles le tâtent.

S'il cède, sa perte est assurée. Quelques kummels,
et ce client devient la proie des sirènes, ce qui fait
frétiller d'aise le garçon pensif qui suppute le boni.

C'est la grand'salle! (Les cabinets cachent aux yeux
des mortels ces mystères où Bacchus volontiers s'unit
à Vénus en des groupes plus ou moins sympathiques,
dont le piédestal est un canapé rouge, et la cimaise une
glace rayée de noms en *a* : Ida, Amanda. Et cœtera.)

Parfois la grand'salle voit arriver les noctambules
professionnels, retour des Halles. Car le vrai notable
noctambule, malgré le déclin des Baratte et consorts, a su
conserver le culte des Halles, si vivantes la nuit. Il va au

Pierre VIDAL

Gillots

Grand Comptoir, par exemple, manger des douzaines d'huîtres, boire du vin blanc, et finir par un jambon aux cornichons, à moins que ne prévalent en son choix les œufs durs, excitateurs favorables aux longues beuveries. Arrivé à l'Américain, il s'établit dans la grand'salle, demande du pale-ale, allume des cigarettes, et contemple calmement l'ivresse des clients de passage. Sollicité par ces dames, il se refuse net à solder les antérieures additions, mais sait offrir quelque verre de champagne ou de kummel aux pauvrettes dénuées d'épouseurs.

Vers cinq ou six heures, selon le gain à faire ou déjà fait, on ferme.

Alors les épousées montent en des fiacres ; les noctambules occasionnels, ignorant où ils pourraient aller continuer la tournée, s'enfuient solitaires. Les filles encore à marier restent sur le trottoir natal, avec une suprême espérance, en voyant sortir les noctambules professionnels. Mais ceux-ci redoutent les épousailles.

Puis, ils savent !!!

Ils savent, ces héros du combat nocturne, que rue du Helder, aussitôt l'Américain fermé, s'ouvre un mastroquet suffisamment propre, dénommé le Petit Helder.

Là, entre six et sept heures, les derniers noctambules, les boulevardières sans ouvrage, et les cochers *qui n'ont pas chargé* peuvent boire des mêlé-cassis ou toute autre liqueur sauvage, célébrant Bacchus jusqu'au bout, jusqu'à

l'heure où les laitiers viennent sonner la diane à la porte
des maisons.

Certaines nuits rares, il arrive que les noctambules
qui savent ne s'attardent point dans les établissements
où ils séjournent d'habitude. Ils sont agités, affairés,
chargés d'un précieux mot d'ordre qu'ils communiquent
aux frères et amies. Dès trois heures, des bandes
se forment qui, parties des divers points de concentration du noctambulisme actif, viennent converger place
du Château-d'Eau, et enfiler le boulevard Voltaire.

Les noctambules qui savent ont flairé une exécution
capitale...

⁂

Pendant ce temps, séparés des réalités de la vie par
les rideaux qui interceptent les premières pâleurs du
jour naissant, les danseurs du monde, qui viennent de
terminer par le défilé un cotillon de trois heures, se groupent aux petites tables autour desquelles s'empressent
les cavaliers à l'habit garni de rosettes multicolores
attachées par les danseuses, puis les danseuses aux
écharpes de soie, aux épingles, aux bouquets, aux mille
accessoires divers offerts par les cavaliers, et enfin les
vieux messieurs et dames qui durant les interminables

Pierre VIDAL

évolutions du cotillon, firent très patiemment tapisserie.

Et c'est peut-être simplement le filet froid, le jambon, foie gras, salade russe; peut-être aussi les consommés aux œufs pochés, cassolettes de ris d'agneau, homards en bellevue, chauds-froids de mauviettes, crèmes d'asperges, aspics de foie gras glacés; tout un dîner avec prédominance de plats froids qu'on attaque avec appétit d'abord, puis qu'on délaisse pour boire le bordeaux léger, ou le champagne frappé dont les bulles remontent lentement dans le cristal des flûtes ou des coupes.

Heure suprême, exquise, où sous la triple influence de la valse, de la consommation, de la fatigue, toutes les femmes ont l'œil brillant et la pose alanguie. A cette heure où les hommes paraissent aimables, empressés, entreprenants, il semble que la voisine avec laquelle on valsa plusieurs fois, ou même que la loi du cotillon vous donna pour légitime compagne pendant une nuit de fête, se prêterait volontiers, ô surprise! ô espoir! à quelque flirtage. On la sent tout près de soi, dans une capiteuse atmosphère, avec un peu de griserie dans les yeux.

*
* *

Et ce sont des petits soins, de douces prévenances, pour accompagner sa danseuse jusqu'au vestiaire...

Soudain, au passage d'une porte, le jour se montre.
Alors, brusquement, en une seconde, la poésie et l'espoir
s'envolent. Réalité! les maris sont là qui reprennent leur
proie. Écroulement! sous la lumière naturelle, les tons
animés des chairs deviennent livides, les hommes sont
verts, les femmes ont aux joues des plaques violettes.
La nervosité s'éteint subitement, la tenue reprend tous
ses droits, la fatigue et ses ravages apparaissent.

Et tandis que s'en vont, dans l'atmosphère bleue ou
grisâtre du premier matin, les voitures, nobles landaus
ou maraudeurs abjects, emportant de vagues entasse-
ments de pelisses, de snow-boots, de paletots à collets
relevés, de gibus, et de têtes somnolentes, le flirteur
célibataire, un cigare aux dents, s'en retourne pédestre
et rêveur, se rappelant les doux propos de la soirée,
poursuivi par des obsessions de valses, et rentre dans
son petit rez-de-chaussée ou son entresol vide, —
sans femme et sans espoir!

*
* *

La tête d'un condamné tombant sous le couteau de
M. Deibler est une consommation rare, pour laquelle les
privilégiés de la finance, de la politique et de la presse
se disputent les numéros.

Ce banquet dahoméen a lieu sur la place de la Roquette, au petit jour. C'est un déjeuner en plein air, où les appétits sont rudement aiguisés.

A l'aube donc, le bourreau, ce cuisinier en chef, ayant préparé la table et le couteau à découper, s'en va, accompagné de ses aides, vagues marmitons vêtus de noir, chercher le plat de résistance.

Comme apéritif à ce repas sauvage, les privilégiés ont passé la nuit en des restaurants nocturnes, où, selon leur fortune, ils mangèrent des écrevisses bordelaises ou une modeste choucroute, un perdreau froid ou du jambon, des asperges ou de simples œufs durs que les uns arrosèrent de bordeaux, ou de champagne, et les autres d'un litre à seize, ou d'une incalculable série de bocks, terminée par un kirsch dénommé pour cela *chassebière*.

Les privilégiés ainsi préparés ont pris place au premier rang sous les arbres. Les femmes, exclues de cet endroit, ont su maintes fois s'y faufiler, ayant arboré pour la circonstance un déguisement masculin.

Pareils à des maîtres d'hôtel graves obligés à devenir équestres en l'occurrence, les bons gendarmes entourent et surveillent le couvert, quoique certainement personne ne se sente d'humeur à voler cette spéciale vaisselle.

Comme valets de pied, les agents pédestres demeurent immobiles.

L'appétit singulier qui pousse à ce souper les joyeux viveurs donne à leur physionomie un aspect à la fois verdâtre et féroce.

Mais au loin, là-bas, la foule anonyme et vague veut, elle aussi, et croit assister au festin. Seulement, comme elle ne s'est pas lestée d'apéritifs dans les grands restaurants, elle accepte les bons offices de quelques négociants ambulants qui lui offrent du vin bleu et des ronds de saucisson.

En revanche, elle fait une scandaleuse, abominable consommation de cris cyniques, de chants sauvages : ce sont les hurlements du scalp.

Dans la prison, cuisine lamentable, avant de devenir consommation lui-même, le condamné consomme une dernière fois pour son compte.

En même temps que les religieuses consolations, alors que le ciseau va échancrer son col de chemise, on lui offre, — avec une cigarette, — un verre de rhum, le rhum final.

Oh! ce rhum suprême! Ne dirait-on pas le verre de cognac qu'un habile cordon-bleu verse, au dernier moment, dans le bœuf à la mode cuit à point?

Alors la porte de l'office, — non, la porte de la prison — s'ouvre, et, précédé des maîtres d'hôtel de la justice, des chefs de la police, le plat humain, porté par le cuisinier Deibler et ses aides, s'avance vers la table,

Pierre VIDAL

GILLOT. 48

au milieu du recueillement des convives. Le prêtre, en l'embrassant, a l'air de prononcer un funèbre *benedicite*.

Bientôt il est servi.

Ce verbe *servir*, dans l'argot des assassins, signifie tuer. On leur rend la pareille, en les *servant* à leur tour.

Le silence religieux, terrifié, qui pendant quelques secondes s'était fait dans l'assemblée, — ce silence qui au moment du potage, s'il faut en croire les loustics, annonce la faim du monde, — se change instantanément en brouhaha, quand tout est consommé.

Vers des horizons lointains un fourgon de boucherie remporte les restes.

Le jour point : le fiacre suprême, la dernière voiture de cercle ramène au logis le joueur décavé ou l'amoureux attardé; les ouvriers, maçons, charpentiers, débardeurs, forgerons, zingueurs, tourneurs, serruriers, tous les innombrables corps d'état descendent vers leurs labeurs; les cochers vont sortir; le « ver », de nouveau, va être tué : les mastroquets s'ouvrent...

TABLE DES ILLUSTRATIONS

TITRE II

QUELQUES CONSOMMATIONS SOLIDES

TITRE III

LA MISE EN SCÈNE

IMPRIMÉ

PAR

CHAMEROT ET RENOUARD

19, RUE DES SAINTS-PÈRES, 19

PARIS